Merel van Groningen verfasste das Buch unter einem Pseudonym. Sie hat sämtliche Kontakte aus diesem dunklen Kapitel ihres Lebens abgebrochen und ein völlig neues Leben begonnen.

Merel van Groningen

UND PLÖTZLICH GEHÖRST DU IHM

Gefangen im Netz eines Loverboys

Aus dem Niederländischen von
Axel Plantiko

BASTEI LÜBBE TASCHENBUCH
Band 60006

1.+2. Auflage: Februar 2011
3. Auflage: März 2011
4. Auflage: April 2011
5. Auflage: Juli 2011
6. Auflage: September 2011

Bastei Lübbe Taschenbuch in der Bastei Lübbe GmbH & Co. KG

Deutsche Erstausgabe

Für die Originalausgabe:
Copyright © 2008 by Merel van Groningen en Uitgeverij Arena
Titel der niederländischen Originalausgabe:
»MISLEID. GEVANGEN IN HET WEB VAN EEN LOVERBOY«
Originalverlag:
Uitgeverij Arena, Amsterdam

Copyright © 2011 by Bastei Lübbe GmbH & Co. KG, Köln
Textredaktion: Anja Lademacher, Bonn
Titelbild: © Thinkstock/Digital Vision, © imago/HR Schulz
Umschlaggestaltung: Marina Boda
Satz: hanseatenSatz-bremen, Bremen
Gesetzt aus der Stempel Garamond
Druck und Verarbeitung: GGP Media GmbH, Pößneck
Printed in Germany
ISBN 978-3-404-60006-9

Sie finden uns im Internet unter
www.luebbe.de
Bitte beachten Sie auch: www.lesejury.de

Der Preis dieses Bandes versteht sich einschließlich
der gesetzlichen Mehrwertsteuer.

Als in den Medien immer häufiger von so genannten Loverboys die Rede war, beschloss ich, meine Geschichte zu veröffentlichen. Solch eine Entscheidung trifft man nicht leichtfertig.

Wenn man sich einmal im Spinnennetz eines Loverboys verfangen hat, sieht man selbst keinen Ausweg mehr. Man glaubt, auf sich selbst gestellt zu sein, und hat entsetzliche Angst. Mit meiner Geschichte hoffe ich Mädchen zu warnen. Natürlich geht nicht jeder Loverboy auf die gleiche Weise vor. Dennoch gibt es Übereinstimmungen. Sie verhätscheln einen, sie vermitteln einem ein angenehmes Gefühl, und plötzlich beginnen sie dann, einen zu bedrohen. Sie versetzen einen in derartige Angst, dass man ihnen ausgeliefert ist.

Die Medien vermitteln mir, dass es kein Verständnis für die Opfer gibt. »Man lässt sich doch nicht auf den Strich schicken!«, hörte ich immer wieder. Die Leute sollten mal erleben, was Angst und Scham mit einem anstellen.

Dank des Einsatzes meiner Mutter und der Hilfe des Jugendrichters habe ich mich aus dem Netz befreien können. Viele Menschen haben mich gewarnt, darunter auch meine Mutter, doch das überwältigende Gefühl, das mir vermittelt wurde, war stärker und siegte über meinen Verstand.

Jetzt muss ich mit den Narben leben.

ERSTER TEIL

Es war das erste Mal, seit ich mit Anne befreundet war, dass wir nach der Schule nicht zu den Pferden gingen. Stattdessen wollten wir jemanden besuchen, der vier Hunde besaß. Vier wahnsinnig tolle Hunde, meinte Anne.

Wir brauchten mit dem Fahrrad ungefähr eine Viertelstunde dorthin. Anne redete an einem Stück von den Hunden, zwei ausgewachsene und zwei Welpen. Der junge Mann, dem sie gehörten, hatte nicht genug Zeit, mit ihnen rauszugehen, und sie brauchten viel Bewegung. Komisch, dachte ich, da hat jemand vier Hunde und dann keine Zeit, sie rauszulassen.

»Merel, du darfst es niemandem erzählen«, plapperte Anne weiter, »aber ich bin ein bisschen in den Typen verknallt.«

»Schön«, antwortete ich. »aber warum soll das keiner wissen?«

Plötzlich wurde sie still. Anne blickte vor sich hin und schwieg.

»Anne, erzähl mir, was los ist«, sagte ich.

Sie schaute mich ganz kurz an, so als würde sie sich schämen, dann lachte sie verlegen und schwieg wieder.

»Na gut, dann erzählst du es eben nicht!«

Den Rest der Strecke legten wir schweigend zurück, versunken in unseren eigenen Gedanken. Ich war verrückt vor Neugier, aber ich wollte auch, dass sie es freiwillig erzählte.

Als wir in eine kleine Straße einbogen, sagte sie: »Hier

ist es.« Sie stieg vom Fahrrad, ich stieg ebenfalls ab und blieb neben unseren Fahrrädern stehen.

»Es könnte sein, dass eine Frau oder ein kleines Kind die Tür öffnet, du darfst nicht erschrecken«, sagte Anne leise.

»Wieso eine Frau oder ein Kind?«, fragte ich überrascht.

Anne wurde rot und vermied meinen Blick.

»Anne! Jetzt stell dich nicht so an, du musst es mir sagen.« Ich hielt es nicht mehr aus, meine Neugier war inzwischen größer als meine Geduld.

»Also gut«, sagte sie, »aber du darfst es niemandem verraten, auch ihm nicht.«

»Was denn?«, fragte ich genervt. »Dass du in ihn verknallt bist? Stimmt da irgendwas nicht? Anne! Du verschweigst mir etwas, und jetzt will ich endlich wissen, was es ist!«

Wir legten unsere Fahrräder auf den Boden und setzten uns in der Nähe seines Hauses ins Gras. Nicht dass das Wetter dazu eingeladen hätte – schließlich hatten wir erst April –, aber Anne wollte mir ihr Geheimnis erzählen, von dem jungen Mann mit den vier Hunden. Sie würde mir von dem Menschen berichten, der mein Leben innerhalb eines halben Jahres zerstören sollte. Nicht nur mein eigenes Leben, sondern auch das Leben einer Mutter mit einer fünfzehnjährigen Tochter. Das Leben meiner Mutter.

Morgen kommst du direkt von der Schule nach Hause und zeigst mir dein Hausaufgabenheft!«, sagte mein Stiefvater.

»Ja, ja«, motzte ich, »ihr mit eurem ewigen Rumgezeter. Das ist albern!«

»Das hast du dir selbst zuzuschreiben. Wir hatten eine Vereinbarung!«, rief er mir nach, als ich die Tür zu meinem Zimmer hinter mir zuknallte.

Ja, diese Vereinbarung war noch alberner als die ganzen anderen blöden Regeln, die in unserem Haus galten. Nach der Schule musste ich sofort nach Hause kommen und mein Hausaufgabenheft mit den Aufgaben für den nächsten Tag vorzeigen, das mein Tutor abzeichnete, damit meine Eltern wussten, dass ich die Aufgaben korrekt notiert hatte. Erst wenn ich meine Hausaufgaben erledigt hatte, durfte ich noch kurz zu Anne. Aber da musste ich schon Glück haben, denn um sechs Uhr musste ich schon wieder zu Hause sein. Wenn ich nicht um sechs Uhr zurück war, durfte ich nach dem Essen nicht mehr raus. Was für Regeln, schließlich war ich verdammt noch mal fünfzehn und kein Kind mehr!

»Fang schon mal mit den Hausaufgaben für morgen an«, sagte mein Stiefvater durch die verschlossene Tür. Ich wusste, dass es zwecklos war, mich dagegen aufzulehnen. Ich nahm mir vor, ab morgen einfach die Aufgaben der letzten Woche aufzuschreiben und die Unterschrift meines Tutors zu fälschen. Als wenn es irgendeinen Sinn hätte, zur Schule zu gehen. Ich würde doch sowieso sitzen bleiben. Also konnte ich meine Zeit auch mit schöneren Dingen verbringen.

Ich legte eine CD von Michael Jackson ein, ließ mich aufs Bett fallen und dachte an Anne. Morgen, gleich nachdem das Hausaufgabenheft kontrolliert worden war, würde ich endlich die Hunde und den Mann zu Gesicht bekommen, in den Anne sich verliebt hatte. Nachdem Anne mir ihr Geheimnis erzählt hatte, war nämlich keine Zeit mehr gewesen, ihn zu besuchen, weil ich ja um sechs Uhr zu Hause sein musste. Letztendlich war ich dann doch erst um Viertel nach sechs zu Hause erschienen, was zur Folge hatte, dass ich den ganzen Abend auf meinem Bett herumhängen musste. Meine Mutter sagte, es ließe ihr keine Ruhe, wenn ich später nach Hause käme. Die hatte Sorgen! Es war doch nur eine Viertelstunde gewesen.

Wenn ich so darüber nachdachte, musste ich feststellen, dass es alles andere als kuschelig bei uns zu Hause war. Als mein Stiefvater vor zwei Jahren bei uns einzog, nachdem meine Eltern sich hatten scheiden lassen, hatte er sich alle möglichen blöden Regeln ausgedacht, an die ich mich halten musste. Zum Verrücktwerden! Als meine Eltern noch zusammen waren, haben sie mir nie Schwierigkeiten gemacht. Und jetzt all diese Regeln. Tja, und von meinem Vater war zurzeit auch nichts zu erwarten. Der war viel zu sehr mit seiner neuen Frau und dem Baby beschäftigt. Kurze Zeit hatte ich noch bei ihm gewohnt, bis er eine neue Freundin fand. Plötzlich bekam ich abends Schlafmittel, damit er sicher sein konnte, dass ich sie nicht störte. Ständig meckerte er an mir herum. Jedenfalls konnte ich nicht bei ihm bleiben. Also bin ich doch zu meiner Mutter und meinem kleinen Bruder zurückgegangen, auch wenn mein Stiefvater inzwischen bei ihnen eingezogen war. Seitdem hatte ich überhaupt keinen Kontakt mehr zu meinem Vater, wahrscheinlich gefiel ihm seine neue Familie einfach besser.

Wirklich ungestört war ich nur in meinem Zimmer mit der Musik auf volle Lautstärke und bei den Pferden, zu denen ich jeden Tag nach der Schule mit Anne ging. Doch der nächste Tag sollte etwas völlig Neues bringen.

Nachdem ich Annes Geheimnis kannte, musste ich zugeben, dass ihre Verliebtheit alles andere als unkompliziert war. Der Typ war sechsundzwanzig! Elf Jahre älter als wir. Er hatte kleine Kinder, war geschieden und wohnte zusammen mit seiner Freundin Karin. Dass er Vater war, fand Anne nicht so schlimm, aber dass er mit einer Frau zusammenwohnte … das fand sie nicht so toll.

»Karin ist Krankenpflegerin«, hatte Anne erzählt. »Wenn sie Spätdienst hat, wird er uns wohl mal einladen reinzukommen. Wenn sie zu Hause ist, gibt mir Mike meistens nur die Hunde mit. Dann bleiben wir draußen.«

Allmählich kapierte ich es. Anne, Anne, dachte ich, warum musst du dich ausgerechnet in einen Typen verlieben, der elf Jahre älter ist als du, und noch dazu in einen geschiedenen Vater? Na ja, ich werde ja sehen, was für Hunde wir morgen ausführen werden. Und, was noch wichtiger ist, wie dieser Mike aussieht. Mit diesem Gedanken schlief ich ein.

Nach einem kurzen Schultag lief ich zum Stellplatz für die Fahrräder. Anne wartete dort schon auf mich.

»Kommst du heute Mittag mit zu Mike?«

»Na klar, ich will mir den Typen doch mal ansehen. Kommst du noch kurz mit zu mir, ich muss meiner Mutter das Hausaufgabenheft zeigen«, fragte ich. »Du weißt doch, wie das bei uns läuft.«

»Gut«, sagte sie, »wann musst du zu Hause antanzen?«

»Um sechs essen wir, dann muss ich zuhause sein.«

»Prima«, sagte Anne lachend, »dann können wir den ganzen Nachmittag mit den Hunden im Park bleiben. Und wenn Karin arbeitet, können wir noch kurz mit Mike was trinken.«

»Okay, lass uns zu meiner Mutter fahren. Danach fahren wir zu deinem Mike«, sagte ich.

Zum Glück fiel meine Mutter auf die gefälschte Unterschrift in meinem Hausaufgabenheft herein. Da sie annehmen musste, dass ich die Aufgaben für den nächsten Tag schon erledigt hatte, waren wir diesmal früh genug bei Mike. Wir klingelten und warteten gespannt, wer uns öffnen würde, Mike oder Karin.

Die Tür ging auf, ein großer junger Mann hatte geöffnet. Ich schätzte ihn auf ungefähr zwei Meter, vielleicht etwas kleiner. Sein muskulöser, breiter Oberkörper zeichnete sich deutlich unter dem engen T-Shirt ab, das er über seinen Jeans trug. Beide Arme schmückten mehrere Tätowierungen, zu viele, um sich ein Bild davon zu machen, was dort genau stand. Er hatte ein fröhliches Gesicht, aber besonders hübsch war es nicht. Er hatte blondes Haar und einen kleinen Schnurrbart, in seinem Mundwinkel steckte eine Zigarette.

Er nahm die Zigarette zwischen die Zähne, als er mit seiner dunklen Stimme fragte: »Hallo, die Damen! Kommt ihr wegen der Hunde oder meinetwegen?«

Anne kicherte nervös, und ich wusste nicht recht, wohin ich schauen sollte. Ich spürte, wie Mike mich von oben bis unten betrachtete, als würde er mich begutachten. Was wollte er von mir? Na ja, Hauptsache, ich werde für gut befunden, dachte ich lässig, denn eigentlich fühlte ich mich ziemlich geschmeichelt.

»Wir kommen wegen der Hunde«, sagte Anne.

Mike ging ins Haus und kam mit vier Hunden an der Leine zurück.

»Oje! Bist du sicher, dass das gut geht, Anne? Nicht, dass sie mich umreißen und mich hinter sich herschleifen«, sagte ich.

»Na, da hast du aber Glück«, sagte Mike. »Karin geht gleich zur Arbeit, dann kann ich mich um deine kaputten Knie kümmern.«

Was sollte ich darauf antworten? War das ein Scherz? Ich war jedenfalls ziemlich durcheinander, als ich Anne in den Park folgte.

»Und, wie findest du ihn?«, fragte Anne als wir unterwegs waren.

»Willst du eine ehrliche Antwort?«

»Natürlich! Sollen wir uns auf eine Bank setzen?«

Ich ging hinter Anne her und ließ mich neben sie auf

die Bank fallen. Die Hunde liefen frei herum und schleppten einer nach dem anderen Stöckchen an. Ich schleuderte den Stock dann so weit wie möglich weg, und der Hund rannte hinter ihm her.

»Er wirkt ein bisschen ungehobelt«, sagte ich vorsichtig. Anne verzog keine Miene und starrte vor sich auf den Boden.

»Du meinst, weil er tätowiert ist«, sagte sie.

»Nein. Ich meine seine Ausstrahlung, seine Bemerkungen. Da stimmt irgendwas nicht, Anne. Als wäre er froh, dass seine Freundin zur Arbeit muss, damit er mit den Mädchen flirten kann, die zufällig auch noch mit seinen Hunden an die frische Luft gehen. Ich weiß nicht, was es ist, aber da ist etwas. Warum ist er eigentlich geschieden, weißt du das? Und weshalb leben die Kinder beim Vater und nicht bei der Mutter? Findest du das nicht komisch?«

Anne schwieg kurz. Sie schien darüber nachzudenken, was ich gesagt hatte. Dann schaute sie mich an. »Über seine Frau machen die wildesten Geschichten die Runde. Mike gegenüber darf man gar nicht damit kommen, sonst wird er stinksauer, habe ich gemerkt.«

»Was für Geschichten? Los erzähl, du hast mich neugierig gemacht.« Ich war ziemlich aufgeregt, denn in Wirklichkeit fand ich diesen Mike ziemlich spannend, es war ein richtiges Abenteuer.

»Man kann ihr nicht trauen. Und sie geht mit jedem ins Bett«, sagte Anne plötzlich.

Das musste ich erst mal verdauen. Diese Anne, sie hatte sich nicht einfach in irgendjemanden verliebt! Dieser Typ war total anders als jeder, den ich kannte.

In den Wochen darauf gingen Anne und ich direkt nach der Schule zu Mike. Manchmal führten wir die Hunde aus, und manchmal tranken wir etwas bei ihm, nur so zum Spaß, allerdings nur, wenn Karin arbeiten musste. Ganz selten war Karin zu Hause. Dann machte sie uns die Tür auf und gab uns die Hunde mit. Sie sagte uns, wie froh sie sei, dass wir uns so um die Hunde kümmerten. Sie hatte alle Hände voll zu tun mit den drei kleinen Kindern und außerdem einem anstrengenden Job als Krankenpflegerin.

Eigentlich fand ich Karin ziemlich nett. Nur wenn sie von der Arbeit zurückkam, war sie meistens gereizt. Dann machte sie Mike an. »Hocken die Mädchen schon wieder hier rum? Habt ihr Spaß, wenn ich nicht da bin?«, schimpfte sie, so als seien wir gar nicht anwesend. Irgendwie konnte ich sie verstehen, denn Mike saß einfach nur da und alberte rum, während sich Karin sofort um die Kinder kümmerte. Mike kümmerte sich überhaupt nicht um sie.

Ich war zwar mit vielen Dingen nicht einverstanden, die Mike tat, trotzdem machte er mich ganz schön neugierig. »Wenn du es zu Hause nicht mehr aushältst, kannst du dich jederzeit an mich wenden. Ich werde dir helfen, so gut ich kann«, sagte er öfters zu mir und seine Worte berührten mich, ehrlich gesagt. Ein cooler Typ, der mich beschützte. Das hatte was.

Zu Hause wurde die Situation nicht besser, und es gab immer häufiger Krach. Oft lief ich wütend von zu Hause weg und heulte mich bei Mike aus, ohne dass Anne davon wusste. Ich hatte das Gefühl, endlich jemanden gefunden zu haben, der mich verstand und diese Vorstellung tröstete mich. Wenn Karin von der Arbeit kam, brachte Mike mich wieder nach Hause, da er der Meinung war, dass meine Mutter sich keine Sorgen machen dürfte und wissen sollte, wo ich war. Zum Abschied gab er mir jedes Mal einen Kuss auf die Wange. Danach fiel es mir leichter, den Krach mit meiner Mutter zu ertragen.

»Bist du dabei, dich in Mike zu verlieben?«, fragte mich Anne nach einiger Zeit. Ich versicherte ihr, das sei nicht der Fall. Aber Mikes Haus wurde in gewisser Weise zu meinem sicheren Hafen. Zum Glück verstand Anne das. In der Schule konnten wir es kaum abwarten, zu Mike zu kommen. Dann stellte sich wieder die Frage: War Karin zu Hause, und führten wir die Hunde aus, oder arbeitete sie, und wir würden uns mit Mike vergnügen?

So lief das ein paar Wochen, bis Anne und ich anfingen, uns zu streiten.

Als wir eines Tages zu Mike radelten, erzählte sie plötzlich, dass ihre Mutter ihr verboten hätte, nach der Schule mit mir zu Mike zu fahren.

»Hast du ihr gesagt, dass du verliebt in ihn bist?«, fragte ich.

»Nein«, sagte sie schnell, »wenn sie das erfährt, darf ich überhaupt nicht mehr auf die Straße. Ich habe ihr erzählt, dass wir die Hunde ausführen und dass du ihn sehr nett findest.«

Ich schaute sie wütend an. »Wie kannst du so etwas sagen? Ich bin doch nicht verliebt in ihn, und wenn meine Mutter das mitbekommt, darf ich auch nicht mehr zu Mike. Das ist nicht lustig!« Ich kämpfte mit den Tränen. Wie konnte sie mir das antun? Sie schob die Schuld einfach mir in die Schuhe.

»Weshalb will deine Mutter eigentlich nicht mehr, dass du ihn besuchst?«, fragte ich, wütend wie ich war.

»Sie hat gehört, dass er eine kriminelle Vergangenheit hat, und jetzt meint sie, ich sollte dich warnen.«

Überrascht blickte ich sie an. »Warnen? Wovor? Du hast mich doch zu ihm gebracht, erzähl deiner Mutter gefälligst die Wahrheit. Und sorg dafür, dass nicht irgendwelche komischen Geschichten bei meiner Mutter ankommen, sonst sag ich ihr, wie es in Wirklichkeit aussieht, Anne!«

Stocksauer fuhr ich nach Hause.

»Du kommst aber früh«, sagte meine Mutter. »Waren deine Freunde nicht da?«

»Doch, aber ich muss diese Woche noch jede Menge Hausaufgaben machen«, log ich. Ich ging in mein Zimmer, legte mich aufs Bett und nahm mir vor, mich nie mehr mit Anne zu treffen. Für mich war das keine Freundschaft. Ich hatte alles geheim gehalten, und sie legte mich rein. Das nahm ich ihr wirklich übel.

Es klopfte an der Tür. Meine Mutter. »Da ist jemand für dich am Telefon.«

Im Wohnzimmer griff ich nach dem Hörer und sagte, immer noch mit wütender Stimme: »Ja?«

»Hallo, hier ist Anne«, klang mir ihre Stimme durchs Telefon entgegen. »Bist du noch sauer auf mich?«

Ich antwortete nicht.

»Ich habe meiner Mutter erklärt, dass ich in Mike verliebt war und dass es jetzt vorbei ist. Ich habe versprochen, nicht mehr zu ihm zu gehen.«

»Oh!«, sagte ich überrascht. »Ist das so?«

»Natürlich nicht, Mann!«, hörte ich sie am anderen Ende der Leitung. »Wir gehen einfach heimlich hin.«

»Einverstanden«, sagte ich kühl, »Hauptsache, du ziehst mich nicht in deine Probleme rein.«

»Sehen wir uns morgen?«

»Ja, wir sehen uns morgen in der Schule.«

»Bis dann«, sagte Anne, und wir legten auf. Ich ging auf mein Zimmer und machte mich an meine Hausaufgaben für den Rest der Woche, dann war ich fein raus. Ich bräuchte nur noch die Unterschrift zu fälschen.

Es war ein schöner, sonniger Tag. Eigentlich verlief inzwischen ein Tag wie der andere, doch heute war ein besonderer Tag. Mike hatte uns eingeladen, mit all seinen Freunden im Kanal schwimmen zu gehen. Anne und ich fuhren so schnell wir konnten nach Hause, um unsere Schwimmsachen zu holen. Danach radelten wir zu Mike, von wo es zum Kanal gehen sollte.

Um halb zwei standen wir bei ihm vor der Tür. Niemand öffnete. Wir fürchteten, dass aus dem Schwimmabenteuer nichts werden könnte, und fragten uns, wo Mike abgeblieben sein könnte.

»Er ist hier!«, hörten wir jemanden aus einem Fenster im vierten Stock des gegenüberliegenden Hochhauses rufen. Es war der Nachbar, wie Mike ihn zu nennen pflegte. Wenn er alleine war, ging er immer ein Bier bei ihm trinken. Noch bevor wir antworten konnten, war Mike nach unten gekommen und schnappte sich schnell sein Fahrrad.

Auf dem Weg zum Kanal fragte ich ihn, weshalb er kein Auto hatte.

»Ach«, sagte er ruhig, »ich hab den Führerschein abgeben müssen. Ich hatte zu viel getrunken, und sie haben mich mal wieder erwischt. Ist auch egal, sie haben mir schon so viele Geldstrafen aufgebrummt. Ich hab nicht eine bezahlt, und was ist passiert? Du siehst ja, ich laufe immer noch frei herum. Außerdem kann ich auch ohne Führerschein ein Auto fahren. Ich fürchte nur, irgendwann werd ich mal wegen all der Bußgelder in den Knast müssen, aber das erfahre ich schon noch früh genug.«

Cool, dachte ich, dieser Mike ist wirklich knallhart. Dass er sich das alles traut, der hat wirklich vor niemandem Angst.

»Es gefällt mir überhaupt nicht, dass Mike die ganze Zeit neben dir gefahren ist«, sagte Anne, als wir nebeneinander auf unseren Handtüchern lagen.

»Anne, ich kann ihm doch schlecht sagen, dass er neben dir fahren soll. Das musst du schon selber regeln«, antwortete ich irritiert.

»Ich glaube, er findet dich ziemlich nett«, sagte sie ein wenig enttäuscht.

Ich musste lachen. »Dann hat er Pech gehabt, denn ich finde ihn nur als Freund nett, und außerdem gibt es da ja wohl auch noch Karin, oder?«

Von Mike sahen wir wenig an diesem Nachmittag. Nur wenn einer seiner Freunde zu uns kam, um ein bisschen zu quatschen, ließ er sich kurz blicken.

»Er ist eifersüchtig«, witzelten seine Freunde. »Mike ist total verrückt nach dir.«

»Siehst du, ich hatte Recht«, sagte Anne schnippisch, als uns niemand hören konnte. Ich konnte verstehen, dass sie so reagierte, aber ich fühlte mich auch geschmeichelt. Mike spielte eine Führerrolle in der Gruppe. Und der Anführer fand mich nett! Das gab mir das Gefühl, alles schaffen zu können und vor nichts Angst haben zu müssen. So phantastisch hatte ich mich seit Langem nicht gefühlt – vielleicht auch noch nie.

So gegen fünf Uhr fuhren wir zu dritt zurück zu Mike. Wir redeten über Gott und die Welt. Es faszinierte mich, wie Mike gleichzeitig rauchen und sprechen konnte. Nachdem wir bei ihm zu Hause angekommen waren, blieben wir noch eine Weile stehen und quatschten. Mike stand im Türrahmen, und wir hingen auf unsere Fahrradlenker gelehnt vor der Tür rum.

»Anne!«, hörten wir plötzlich jemanden laut rufen. Wir zuckten zusammen. Die Stimme kannten wir. Hinter den Büschen stand Annes Mutter.

»Du kommst auf der Stelle mit!«, schrie sie wütend. Mit großen Schritten kam sie auf uns zugelaufen und packte Anne am Arm. Als sie an mir vorbeikam, zischte sie mir leise ins Ohr: »Anne hat dich so gewarnt, und du schleppst sie trotzdem mit hierher? Ich will nicht, dass ihr euch noch seht. Du ziehst sie mit ins Verderben.«

Total entgeistert starrte ich ihnen hinterher. Ich blieb wie angewurzelt stehen, bis sie nur noch kleine Punkte waren.

»So«, sagte Mike, »die sind wir glücklich los. Eine dumme Göre ist die, mein Gott! Ein echtes Baby! Ich kapiere nicht, wie du mit der befreundet sein kannst. So eine Zicke!« Er merkte, wie überrascht ich war, und legte mir einen Arm um die Schulter. »Möchtest du was trinken?«, fragte er, und wir gingen ins Haus.

Was für eine verrückte Situation. Anne hatte Mike so nett gefunden, und er wollte sie lieber heute als morgen loswerden. Eigentlich hatte er Recht, was Anne anging.

Zu Hause hatte sie nie die Wahrheit erzählt, und jetzt wurde mir die ganze Schuld in die Schuhe geschoben. Ich war enttäuscht von Anne und gleichzeitig traurig, weil ihre Mutter ein falsches Bild von mir hatte. Nein, das alles gefiel mir gar nicht.

Wir saßen schon eine ganze Zeit schweigend nebeneinander auf dem Sofa und starrten vor uns hin.

»Du kommst mich doch noch besuchen, auch wenn Anne nicht mehr kommen darf?«, fragte Mike und legte einen Arm um mich.

»Ich finde dich wirklich nett, und ich finde es auch schön, hier zu sein, aber mehr ist es nicht«, sagte ich abwehrend.

Mike lachte und griff nach einer Zigarette. »Du auch eine?«, fragte er. Ich nickte. Lässig steckte er sich zwei Zigaretten zwischen die Lippen und zündete sie mit dem Feuerzeug an. Während er mir eine gab, sagte er: »Für mich bist du einfach eine Wahnsinnsfrau, mehr nicht.«

Ich musste lachen. War das ein Kompliment? Eine Wahnsinnsfrau ... Herzlichen Dank, dachte ich, hoffentlich erwartest du von mir nicht, dass ich dich für einen Wahnsinnstypen halte.

Nach einer knappen halben Stunde hatte ich genug von Mike, und ich fuhr nach Hause.

Ich wusste, dass mir zu Hause einiges bevorstand, denn ich kam wieder mal zu spät zum Essen. Ich brachte mein Fahrrad in den Schuppen, ging langsam die Treppe hinauf, steckte den Schlüssel ins Schloss und bereitete mich innerlich auf das Schlimmste vor. Ich rechnete mit einer Woche Stubenarrest oder so was. Na ja, das würde ich überleben.

»Hallo!«, rief ich, als ich die Wohnung betrat.

»Dein Essen ist im Kühlschrank, du kannst es dir selbst warm machen!«, erwiderte mein Stiefvater. Ich ging in die Küche, holte das Essen aus dem Kühlschrank und wärmte es in einer Pfanne auf. Meine Mutter kam mit geröteten Augen in die Küche. Ich schaute sie überrascht an.

»Was ist denn mit dir los?«

»Wie konntest du so etwas nur tun?« Ihre Stimme zitterte.

»Was habe ich denn jetzt schon wieder angestellt?«, fragte ich gereizt.

»Annes Mutter hat angerufen«, sagte sie.

»Aha, und was hatte sie zu berichten?«

»Sie meinte, dass ihr euch mit einem Kriminellen abgebt.« Sie klang bereits etwas ruhiger.

»Mama, das ist doch nur Klatsch, Mike war früher vielleicht nicht gerade ein Musterknabe, aber er hat ein neues Leben begonnen«, versuchte ich sie zu beruhigen.

»Meinst du nicht, dass man ihm eine zweite Chance geben sollte?«

Meine Mutter seufzte. »Sie hat mir erzählt, dass du verliebt in ihn bist und dass Anne dich noch vor ihm gewarnt hat, du aber nicht hören wolltest. Sie hat Anne verboten, Mike noch einmal zu besuchen«, fuhr sie fort, »und du hast sie dazu überredet, trotzdem mitzugehen.«

»Ach ja!«, sagte ich wütend. »Die spinnt doch, sie legt sich die Wahrheit zurecht, wie es ihr gerade passt.«

»Aha, und wie sieht die Wahrheit deiner Meinung nach aus?«, sagte mein Stiefvater, der inzwischen auch in die Küche gekommen war.

»Anne ist in ihn verliebt«, verteidigte ich mich, »aber als ihre Mutter dahintergekommen ist, hat sie ihr erzählt, ich wäre in ihn verliebt. Sie hat gehofft, ihn auf diese Weise weiter besuchen zu dürfen. Aber ihre Mutter wollte nichts davon wissen, und dann ist sie einfach heimlich hingegangen, und ihre Mutter hat sie dabei erwischt. Ich weiß auch erst seit gestern, dass Anne mir die ganze Zeit die Schuld gegeben hat. Für mich ist unsere Freundschaft gestorben«, sagte ich aufgebracht.

Für einen Moment schwiegen beide.

»Und du meinst, dass wir dir das abnehmen?«, sagte mein Stiefvater leise.

»Warum glaubt ihr Annes Mutter und mir nicht?« Ich wurde immer wütender.

»Dreimal darfst du raten«, sagte meine Mutter. »Sonderlich ehrlich bist du in letzter Zeit schließlich nicht gewesen. Deine Schule hat angerufen, dass du dich einen Dreck um deine Hausaufgaben kümmerst, dass du dich deinen Mitschülern gegenüber total herablassend verhältst und dass du dieses Jahr wieder sitzen bleibst und deshalb von der Schule musst.«

Gut, dachte ich, das kann sich sehen lassen. Aber ich hatte auch einiges dafür getan. »Na gut, und jetzt?«, fragte ich.

»Deine Mutter und ich haben den ganzen Nachmittag darüber nachgedacht, welche Lösung die beste ist«, fuhr mein Stiefvater fort. »Mit uns hast du jeden Tag Krach, in der Schule will man dich nächstes Jahr nicht mehr haben, und bei deinem Vater kannst du nicht wohnen, das ist schon mal in die Hose gegangen. Also haben wir Kontakt mit einem Internat aufgenommen. Dort findet nächste Woche ein Aufnahmegespräch statt, bis dahin kannst du bei Paula wohnen«, sagte er, ohne Luft zu holen.

Bei Paula zu wohnen gefiel mir. Sie war seit Jahren mit meiner Mutter befreundet, und sie hatte zwei kleine Kinder, auf die ich manchmal aufpasste. Aber ein Internat? Damit hatte ich nicht gerechnet.

»Natürlich nur auf freiwilliger Basis«, sagte meine Mutter in dem Versuch, die Mitteilung ein wenig abzumildern.

Ich starrte auf mein Essen in der Pfanne und rührte mit einer Gabel darin herum. Der Appetit war mir schlagartig vergangen. Was für ein Tag. Erst Anne, und jetzt meine Eltern mit diesen Neuigkeiten.

»Interessiert euch nicht, was ich davon halte?«, fragte ich.

»Nein«, antwortete mein Stiefvater. »Darüber wird nicht diskutiert. Wir haben es so entschieden, und so ziehen wir es durch, zu deinem eigenen Besten.«

»Okay«, sagte ich, »aber dann gehe ich noch heute Abend zu Paula.«

Die Woche bei Paula erschien mir wie Ferien. Da sowieso das Gespräch im Internat anstand, brauchte ich nicht mehr zur Schule zu gehen, und Paula machte überhaupt keinen Stress. Wenn ich nicht mit essen wollte, genügte eine einfache Mitteilung. Ich musste auch nicht wirklich früh zu Hause erscheinen, meistens erst so gegen zehn Uhr. Also hing ich viel bei Mike rum.

Von Anne hörte ich nichts. Wahrscheinlich lag das daran, dass wir uns nicht mehr in der Schule sahen. Ich fand, sie hätte sich wenigstens mal bei mir melden können. Schließlich hatte sie Mike heimlich besuchen können, da sollte es doch auch kein Problem sein, mich mal anzurufen. Aber sie tat es nicht. Unsere Freundschaft konnte ihr nicht viel bedeutet haben, fand ich, und ich fühlte mich ausgenutzt.

Der Tag des Gesprächs im Internat war gekommen, und das bedeutete, dass ich auch meine Mutter und meinen Stiefvater wiedersehen würde. Ich merkte, wie entspannt ich in dieser Woche bei Paula gewesen war, offensichtlich hatte ich Gelegenheit gehabt, mich von all den Streitereien und Spannungen zu erholen.

Sie warteten im Auto auf mich. Wir waren ziemlich lange unterwegs. Das haben sie gut hingekriegt, dachte ich. Das Internat ist so weit weg, dass sie mich endlich los sind, wenn ich erst mal da bin. Nach zwei Stunden Fahrt bogen wir endlich in einen Weg ein, der quer durch einen Wald führte. Die Umgebung gefiel mir. Hinter einer Kurve war eine große Rasenfläche, um die sechs kleine Häuser gruppiert waren. Dazwischen lag ein großes Schulgebäude mit Turnhalle, auf dem Rasen standen verschiedene Spielgeräte.

Wir stellten das Auto auf dem Parkplatz neben einem anderen, noch größeren Gebäude ab. Ich stieg aus und sah ein Mädchen und zwei Jungen aus einem der kleineren Häuser kommen und zur Schule gehen. Sie sangen laut ein Lied aus den Charts. Langweilig war es hier wohl nicht, dachte ich. Wenn alle so fröhlich waren, könnte ich mich hier wohlfühlen.

Wir gingen die Treppe zu dem großen Gebäude hinauf und setzten uns auf die Stühle, die in der Halle standen. Hier war ziemlich viel los, und ab und zu grüßte uns jemand freundlich. Nach einiger Zeit holte uns ein Mann ab, der uns in ein kleines Zimmer führte. Jede Menge Stühle standen um einen großen Tisch, auf dem Kaffee- und Teekannen bereitgestellt waren. Auf dem Boden lag ein großer Hund und schlief. Ich lief sofort zu ihm und sagte begeistert: »Oh, was für ein schöner Hund, so einen hat Mike auch! Wie heißt er?«

»Das ist Mara, und ich heiße Piet«, antwortete der Mann und gab uns allen die Hand. »Ich bin hier Gruppenleiter, und wenn ich Dienst habe, nehme ich meinen Hund immer mit. Wo Mara ist, da bin auch ich, und wo ich bin, ist Mara«, fügte er in einem Atemzug hinzu.

Was für ein netter Mann, dachte ich, er ist wirklich in Ordnung. Wenn die hier alle so sind, brauch ich mich nicht zu beklagen.

Wir setzten uns auf die Stühle und tranken Kaffee, während sich noch zwei weitere Männer zu uns setzten.

»Hallo, ich heiße Jan Smeeds, ich bin der Direktor«, sagte der eine Mann und begrüßte uns mit Handschlag.

»Ich bin der Sozialarbeiter des Internats«, sagte der andere Mann und gab uns ebenfalls die Hand.

»Wir werden dir kurz erklären, wie das hier im Internat läuft, und danach kannst du uns etwas über dich erzählen«, sagte Jan, der Direktor.

»Dann lasst uns anfangen«, sagte ich.

Jan, der Direktor, war ein großer, dicker Mann, er strahlte große Ruhe aus und sprach mit leiser Stimme. Das Gespräch fesselte mich nicht gerade, ich fand alles sehr kompliziert. Nur was mich interessierte, drang zu mir durch. Statt also weiter zuzuhören, beobachtete ich die Leute am Tisch. Den Sozialarbeiter konnte ich überhaupt nicht einschätzen. Er stierte ständig auf seine Papiere, und wenn er etwas sagen musste, war es, als würde er alles ablesen. Die Haare standen ihm wild vom Kopf ab. Ich schätzte, dass er ungefähr fünfunddreißig war.

Jans sanfte Stimme holte mich wieder in das Gespräch zurück. Er sagte: »Jeder kommt freiwillig hierhin. Wenn die Eltern mit den Bedingungen einverstanden sind, der Jugendliche aber nicht, nehmen wir ihn nicht auf. Wenn wir also jemanden aufnehmen, dann nur auf Wunsch beider Seiten. Wir schauen uns die häusliche Situation an und besprechen dann, ob Urlaub an den Wochenenden möglich ist. Meistens erteilen wir zu Beginn die Erlaubnis, alle drei Wochen ein Wochenende zu Hause zu verbringen. Wenn das gut geht, kann es mehr Wochenendurlaub geben. Das Ziel ist es, die häusliche Situation und den Umgang miteinander so zu verbessern, dass die Jugendlichen wieder nach Haus zurückkehren können. Dieses Vorhaben wird von Seiten der Gruppe durch deinen Mentor begleitet. Natürlich arbeiten wir hier auch an deinen Zukunftschancen. Das heißt, du gehst hier zur Schule. Wenn du nicht bereit bist, die Schule zu besuchen, kannst du auch nicht aufgenommen werden.«

»Was die Schule betrifft, gibt es zwei Möglichkeiten«, fuhr er fort. »Zum einen gibt es die Möglichkeit, eine externe Schule zu besuchen, das heißt eine normale Schule in der Stadt. Voraussetzung dafür ist allerdings, dass du hier keine Probleme hast und bereit bist zu lernen. Das scheint mir bei dir zurzeit nicht der Fall zu sein, wenn ich mir dein Schulzeugnis anschaue.«

Ich konnte nur zustimmend nicken.

»Gut, dann kommt für dich nur unsere interne Schule infrage, hier auf dem Gelände. Für die Jugendlichen, die nicht lernen können oder wollen, haben wir hier ein Programm, in dem vor allem handwerklich gearbeitet wird. Das heißt natürlich nicht, dass nicht auch gelernt werden muss. Morgens sind zwei Stunden normaler Unterricht: Niederländisch, Englisch und Mathematik. Wenn du diese drei Fächer im Griff hast, kannst du einen Schulabschluss machen. Nach diesen zwei Stunden besteht dein Stundenplan aus Fächern deiner eigenen Wahl, zum Beispiel Kochen, Fotografieren, Zeichnen, Nähen, Sport und dergleichen. Aber das wird dir auch noch genauer in der Schule erklärt, wenn du hier aufgenommen wirst. Hast du so weit noch Fragen?«

»Nein«, sagte ich, »das gefällt mir so weit alles ziemlich gut.«

»Gut«, sagte Jan. »Dann schlage ich vor, dass Piet

euch über die Gruppe informiert und anschließend einen Rundgang über das Gelände mit euch macht.« Er stand auf, gab uns die Hand und verließ den Raum.

Piet erzählte, dass die Gruppe aus zwölf Jugendlichen bestand. Es gab drei Gruppenleiter, die sich täglich abwechselten. Ich hörte nur halb zu. Ich war viel zu neugierig auf den Rundgang.

»Hast du noch Fragen?«, wollte er am Ende des Gesprächs wissen.

»Ja«, sagte ich »darf man hier rauchen?«

»Wenn deine Eltern es dir erlauben«, sagte er.

Ich schaute meine Mutter und meinen Stiefvater an.

»Wenn du es selbst bezahlst, sind wir einverstanden«, sagte meine Mutter.

»Du bekommst hier jede Woche Taschengeld«, meinte Piet. »Davon kannst du deine Telefoneinheiten bezahlen, dir Süßigkeiten kaufen oder eben Tabak.«

Das fand ich in Ordnung.

Der Rundgang hatte mir gefallen, und die Gruppe, in die ich kommen würde, wirkte nett. Also vereinbarten wir, dass ich ein Wochenende auf Probe im Internat verbringen sollte.

Als wir im Auto saßen und nach Hause fuhren, waren wir sehr still. Aber mich bedrückte das alles nicht, ich freute mich schon auf das Wochenende. Aber eine Sorge hatte ich doch. Wie sollte ich es Mike beibringen? Vielleicht trennten sich unsere Wege, wenn ich das Internat besuchen würde.

Paula begrüßte uns fröhlich, als wir aus dem Internat zurückkamen. »Wie war es?«, fragte sie auf dem Weg ins Wohnzimmer.

»Okay«, sagte ich und ließ mich aufs Sofa fallen.

»Wann kommt sie denn ins Internat?«, fragte Paula meine Mutter.

»Sie muss erst noch ein Wochenende auf Probe dort verbringen«, antwortete meine Mutter, »und das ist in zwei Wochen.«

»Hast du Lust, solange bei uns zu bleiben?«, fragte mich Paula.

»Ja, super. Ich habe ja doch nichts zu tun, da kann ich prima auf die Kinder aufpassen, wenn du mal mit Wim wegwillst. Das wird ihnen gefallen, und mir auch.«

Ich wusste, dass Paula abends gerne mit ihrem Mann in die Reithalle ging, das kam ihr also ziemlich gelegen. Mir ebenfalls, denn dann hatte ich ein bisschen Zeit für mich. Meine Mutter und mein Stiefvater waren auch froh über Paulas Angebot. So hatten wir wenigstens alle unsere Ruhe.

Eine halbe Stunde später gingen meine Mutter und mein Stiefvater nach Hause.

»Wenn du noch irgendwelche Sachen brauchst, kannst du sie einfach zu Hause holen. Dann sehe ich dich auch noch mal«, sagte meine Mutter, während sie ins Auto stieg. Ich gab ihr einen Kuss und schlug die Tür zu. Als sie wegfuhren, winkte ich ihnen nach, und auf dem Weg ins Haus dachte ich: So, lang lebe der Spaß! Hier ist es toll, und ich kann tun und lassen, was sich will. Endlich werde ich wie eine Fünfzehnjährige behandelt und nicht wie ein kleines Kind.

In der Küche war Paula damit beschäftigt, eine Suppe zu machen, und ich setzte mich gemütlich zu ihr an den Esstisch. Sie stand mit dem Rücken zu mir und rührte in der Suppe. Ich betrachtete sie. Sie war nicht sehr groß, aber durch die hohen Pfennigabsätze, die sie trug, wirkte sie viel größer. Außerdem hatte sie ihre blonden Haare turmhoch toupiert und mit jeder Menge Haarlack befestigt. Man konnte sehen, dass sie früher Friseurin gewesen war. Eigentlich war sie ziemlich ordinär.

»Kannst du heute Abend auf die Kinder aufpassen?«, fragte sie, als sie sich zu mir umdrehte.

»Natürlich«, sagte ich, »ich habe doch sowieso nichts vor.«

»Ach ja«, sagte Paula, »da hat heute ein gewisser Mike angerufen. Der hat keine Ruhe gegeben, mindestens drei Mal hat er es versucht. Wir haben ihm gesagt, dass du heute dein Vorstellungsgespräch im Internat hast. Als er das hörte, hat er fluchend aufgelegt. Ist das ein Freund von dir?« Sie drehte sich wieder um und rührte in der Suppe.

»Ja, er ist einer von meinen Freunden«, antwortete ich so ruhig wie möglich.

Das Abendessen verlief völlig entspannt, und ich genoss es, die Kinder beim Essen zu beobachten. Als ich nach dem Essen Wim beim Abwasch half, sagte er: »Toll, dass du auf die Kinder aufpasst, dann können wir ruhigen Gewissens mal raus.«

Ich schaute ihn an. »Ich mache das wirklich gern, dann kann ich einfach mal ich selbst sein. Außerdem wachen die Kinder ja sowieso nicht auf. Ich kann einfach mal einen Abend auf dem Sofa rumlümmeln und in der Glotze gucken, was mir gefällt.«

Wim musste lachen. »Mit dir haben wir ja richtig Glück gehabt«, sagte er.

»Und ich mit euch!«, antwortete ich.

Während Paula und Wim die Kinder ins Bett brachten, führte ich den Hund aus. Ich fand es richtig, dass ich ihnen bei ihren täglichen Aufgaben im Haus nicht im Weg war.

Gegen sieben war alles fertig, die Kinder schliefen, der Hund war draußen gewesen. Mein Abend konnte beginnen. Als Wim bereits in der Tür stand, sagte Paula zu mir: »Wenn du Appetit auf Chips oder Süßigkeiten hast, die sind im kleinen Schrank. Und die Nummer vom Reitstall liegt neben dem Telefon, falls etwas sein sollte.«

»Okay«, sagte ich. »Viel Spaß!«

Nachdem ich eine halbe Stunde auf dem Sofa herumgehangen hatte, packte mich die Langeweile. Im Fernsehen kam nichts, also ging ich nach oben, um nach den Kindern zu schauen. Der Junge schlief ganz ruhig. Leise ging ich aus dem Zimmer und öffnete die nächste Tür, wo ich das sanfte Atmen des Mädchens hörte. Vor Paulas und Wims Schlafzimmer blieb ich kurz stehen, dann öffnete ich zögernd die Tür und schlich hinein. In der Mitte des Zimmers stand ein großes Bett mit einer schwarzen Decke darauf, am Kopfende hing ein Spiegel. Links neben dem Fenster stand ein Frisiertisch, ebenfalls mit einem großen Spiegel. Und neben dem Bett stand der Kleiderschrank.

Ich öffnete die großen Schiebetüren des Schranks. Die eine Seite beherbergte Männerkleidung, säuberlich gestapelt und gefaltet. Auf der anderen Seite befand sich Frauenkleidung. Die Kleider auf den Bügeln waren eng aneinandergepresst, so viele waren es. Ich stöberte ein wenig darin herum, und schließlich fiel mein Blick auf einen Minirock. Pechschwarz. So kurz, dass sich beim Bücken der Rock nach oben schieben würde.

Ich beschloss, ihn anzuprobieren. Meine Jeans und das T-Shirt legte ich aufs Bett. Vorsichtig schob ich den Rock über meinen Kopf und zog ihn langsam nach unten. Paula war zwar um einiges dicker als ich, trotzdem fand ich den Rock toll. In der Schublade des Schranks lagen Paulas Unterwäsche und die Strümpfe. Aufgeregt wühlte ich in der Seidenwäsche herum und fand schließlich eine schwarze Netzstrumpfhose. Auch die zog ich vorsichtig an. Jetzt noch Schuhe suchen, dachte ich und schaute unten im Schrank nach. Dort stand eine ganze Reihe Highheels, ein Paar höher als das andere. Ich wusste nicht, für welches ich mich entscheiden sollte, und schließlich nahm ich die höchsten schwarzen Pumps, die ich finden konnte. Sie hatten derart hohe Absätze, dass ich Angst hatte, mir das Genick zu brechen, wenn ich darauf lief.

Ich setzte mich auf den Fußboden und schob den kurzen Rock bis zur Hüfte hoch, denn nur so konnte ich an meine Füße kommen, um die Schuhe anzuziehen. Nachdem es mir endlich gelungen war, kniete ich mich vorsichtig hin und zog mich am Bett hoch. Schwankend stand ich auf den Schuhen. Jetzt musste ich es nur noch schaffen, den Rock nach unten zu ziehen. Ich schaffte es nur, weil er so kurz war. Dann stützte ich mich an der Wand ab, humpelte zum Frisiertisch und ließ mich auf den Hocker fallen. Prüfend drehte ich meinen Kopf vor dem Spiegel hin und her. So, jetzt noch was ins Gesicht und ins Haar, und fertig!, dachte ich, während ich mein Spiegelbild begutachtete. Ich stehe auf stark geschminkte Gesichter, und da ich hier alleine war, konnte ich mich richtig austoben.

Lippenstift mag ich allerdings nicht, sodass ich mich damit nicht mehr lange aufhielt. Das Resultat stellte mich äußerst zufrieden. Jetzt nur noch das Haar. Ich nahm den Kamm und begann Strähne für Strähne zu toupieren. Sobald eine Strähne fertig war, sprühte ich sie mit Haarlack ein, sodass sie ihre Form ganz sicher behielt. Nach einer halben Stunde war das Werk vollbracht. Ich stellte mich hin. Da stand ich also schwankend vor dem Spiegel, fand das Ergebnis umwerfend und fühlte mich ganz schön sexy.

In diesem Moment hörte ich draußen ein Auto mit quietschenden Reifen um die Ecke biegen und vor der Tür halten. Ich wankte zum Fenster, um nach draußen zu schauen, doch ich konnte nichts erkennen. Unten wurde bereits heftig an die Tür geklopft.

»Macht verdammt noch mal die Tür auf, oder ich trete sie ein! Ich weiß, dass sie bei euch ist!«, hörte ich jemanden brüllen.

Mein Gott, dachte ich erschrocken, das ist Mike. Gleich werden die Kinder wach. Ist er denn total verrückt geworden?

Ich schleuderte die Schuhe von den Füßen und lief, so schnell ich konnte, ohne zu fallen, und so leise wie möglich, die Treppe hinab, wobei mir der Rock ganz schön im Weg war. Ich rannte durch den Flur und riss sofort die Tür auf.

»Hast du noch alle Tassen im Schrank?«, schnauzte ich Mike an. »Hier schlafen Kinder! Geht's noch?«

So wütend, wie Mike geklungen hatte, als ich oben war, so überrascht starrte er mich jetzt an.

»Was glotzt du mich so an?«, fragte ich verwirrt.

Er musterte mich von Kopf bis Fuß. »Du ... eh ... siehst ... eh«, setzte Mike stotternd an, und gleichzeitig wurde mir klar, dass ich komisch aussehen musste. Doch Mike schien es zu gefallen, seiner Reaktion nach zu urteilen.

Ich begann rot zu werden und drehte meinen Kopf zur Seite. »Komm rein, bevor mich noch jemand so sieht.« Plötzlich war ich verlegen.

»Ich finde es sexy«, sagte er, als er hinter mir ins Wohnzimmer kam. Ich ging in die Küche und sagte, er solle sich setzen und mir erklären, weshalb er so wütend sei. Inzwischen holte ich ihm ein Bier.

»Nimmst du auch eins?«, fragte er, als ich zurückkam.

»Nein, du weißt doch, dass ich keinen Alkohol trinke«, antwortete ich und drückte ihm das Bier in die Hand. Ich setzte mich neben ihn aufs Sofa.

»Warum warst du eben da draußen so wütend?«, fragte ich. »Wen hast du so angeschrien? Hier ist niemand außer mir.«

Er setzte die Flasche an die Lippen, legte den Kopf zurück und trank die Flasche in einem Zug aus, ohne auch nur ein einziges Mal zu schlucken.

»Wie schaffst du das?«, fragte ich überrascht.

»Das bringe ich dir schon noch bei, wenn du dein erstes Bier getrunken hast. Um auf deine Frage zurückzukommen: Ich habe die Leute hier im Haus angeschrien. Ich dachte, dass sie dich vor mir verstecken.«

»Verstecken? Weshalb sollten sie das tun? Das sind wahnsinnig nette Leute. Und ich glaube auch nicht, dass sie irgendwas gegen dich haben«, sagte ich.

Mike rutschte nach vorne und stellte die Flasche auf den Tisch. »Ich habe heute schon ein paar Mal angerufen. Jedes Mal hieß es, du wärst nicht da. Als ich dann hörte, dass du zu einem Gespräch im Internat warst, bin ich völlig ausgerastet.«

»Ja, das haben sie mir erzählt«, unterbrach ich ihn, »aber das bedeutet nicht, dass sie dich nicht leiden können. Die haben nichts mit der Sache zu tun. Ich wohne hier bloß, damit ich nicht zu Hause sein muss, denn da läuft es im Moment überhaupt nicht. Paula und Wim sind wirklich richtig nett, warte, bis du sie kennenlernst.« Ich hoffte, ihn überzeugen zu können.

»Und weshalb sind sie dann damit einverstanden, dass du in ein Internat musst?«, fragte er und schaute mich finster an.

»Ich weiß nicht, ob sie damit einverstanden sind, aber meine Mutter und mein Stiefvater haben es beschlossen. Und da halten sie sich raus«, versicherte ich ihm.

Mike rutschte wieder nach hinten. »Gib mir noch ein Bier.«

Ich stand auf und ging in die Küche, um eins zu holen. Im Wohnzimmer hörte ich ihn sagen: »Wie können Eltern ihre Kinder nur in ein Internat stecken? Dadurch werden sie nur noch schlechtere Menschen. Schau mich an, ich bin auch kein besserer Mensch geworden. Ich würde so etwas meinen eigenen Kindern nie antun.«

Ich ging mit dem Bier zurück ins Wohnzimmer. »Ich bin ja auch nicht eins von deinen Kindern.«

»Nein, zum Glück nicht«, sagte Mike lachend. »Dann hätten wir ein Problem.«

»Wieso?«

»Ich finde dich super attraktiv, und du bist ein tolles Weib, und wenn es nach mir ginge, würden wir uns jetzt nach oben verziehen und dann würde ich dir zeigen, was ich meine.«

Ich glaubte, nicht richtig zu hören, und ich hatte keine Ahnung, wie ich reagieren sollte. Ich spürte nur, wie ich einen roten Kopf bekam.

»Steht dir gut, wenn du rot wirst«, sagte Mike.

»Na, da muss ich dich aber enttäuschen«, sagte ich schnell. »Du hast eine Freundin, und ich fühle mich nicht zu dir hingezogen.«

»Dann wirst du dich ewig fragen, wie es mit mir im Bett ist. Jammerschade, das ist nämlich eine Erfahrung, die du nicht verpassen solltest.«

»Jetzt reicht's aber«, sagte ich und stand verärgert auf. Ich ging zur Haustür und öffnete sie. »Raus mit dir, Mike! Raus, deine Sprüche kannst du dir sparen. Wenn das alles war, was du mir zu sagen hattest, dann kannst du jetzt verschwinden.«

Mike stand auf, kam auf mich zu und sagte: »Ich meine es ernst.«

»Ich auch.«

Er ging an mir vorbei aus dem Haus, öffnete die Autotür, setzte sich ans Steuer und ließ den Wagen an.

»Du darfst noch nicht mal fahren, Mann. Den Führerschein haben sie dir doch nicht umsonst abgenommen. Sie schnappen dich noch mal!«, rief ich ihm zu.

Mike begann zu lachen und sagte: »Siehst du, ich lasse dich doch nicht kalt!« Mit quietschenden Reifen fuhr er davon.

Ich schaute ihm nach und dachte, dass er damit sogar Recht hatte. Er ließ mich nicht kalt.

Ich ging ins Haus und machte die Tür hinter mir zu. Dann lief ich sofort nach oben, wusch mir die Schminke vom Gesicht und legte mich schlafen.

Im Bett drehte ich mich von einer Seite auf die andere, ich konnte nicht einschlafen. Ständig musste ich an das Gespräch mit Mike denken, denn in gewisser Weise hatte er Recht gehabt. Ja, ich hatte Gefühle für ihn, aber was für Gefühle waren das? Verliebtheit konnte es doch nicht sein, dachte ich. Verliebtheit hieß doch, Schmetterlinge im Bauch zu haben und nicht essen zu können, den ganzen Tag an ihn zu denken und bei ihm sein zu wollen, ihn überwältigend zu finden. Ich dachte über diese Anzeichen von Verliebtheit nach, sie trafen auf mich überhaupt nicht zu. Ich konnte hervorragend essen, hatte keine Schmetterlinge im Bauch, und ich fand ihn wahrlich nicht überwältigend. Ich wusste mit Sicherheit, dass er mir nicht ganz geheuer war. Aber er war so nett zu mir, hatte Verständnis dafür, dass es zu Hause nicht einfach war. Wahrscheinlich war es diese Aufmerksamkeit, die er mir schenkte, die ich so toll fand. In seinen Augen war ich ein super Weib – was auch immer das bedeuten sollte.

Aber eines war mir ganz klar: Heute Abend war er zu weit gegangen. Nicht weil er fuchsteufelswild hierhergestürmt war und sich besorgt um mich zeigte. Nein, das fand ich phantastisch, das war die Aufmerksamkeit, die mich weichmachte. Aber dann hatte er mich beleidigt. Woher nahm er nur diese Unverfrorenheit?! Als wenn ich mal eben so mit ihm ins Bett steigen würde!

Wenn er wüsste, dass ich es noch nie gemacht hatte. Die Gefühle für ihn waren rein freundschaftlich. Ich fand es sehr schön, mit jemandem wie Mike zusammen zu sein, und ich war stolz darauf, denn alle bewunderten ihn.

Na ja, eigentlich war das alles unwichtig. Bald würde ich ein Wochenende auf Probe im Internat sein und, wer weiß, dachte ich, vielleicht sehe ich ihn danach überhaupt nicht mehr. Er hat doch seine Beziehung mit Karin, möglicherweise ist das alles auch besser so.

Schließlich wurden meine Augenlider dann doch schwer und die Müdigkeit übermannte mich.

Juhu! Aufwachen, die Post ist da!«, rief Paula unten an der Treppe. Als ich auf den Wecker schaute, bekam ich einen Schreck, es war schon halb zwölf.

»Ich komme!«, rief ich und sprang aus dem Bett, um zu dem Stuhl zu gehen, über dem meine Kleider hingen. Schnell die Jeans und einen Pullover angezogen. So schnell ich konnte, lief ich die Treppe hinunter, blieb vor dem Spiegel stehen, der unten im Flur an der Wand hing, blickte hinein und sah, dass ich nicht gerade den besten Eindruck machte. Ich fuhr mir mit den Fingern durchs Haar und dachte, erst die Post, danach flitze ich unter die Dusche. Meine Neugier war einfach stärker.

»Guten Morgen!«, sagte ich, als ich die Tür zum Wohnzimmer öffnete.

»Guten Morgen!«, begrüßten mich Wim und Paula.

»Möchtest du eine Tasse Tee?«, fragte Paula.

»Oh ja, herrlich«, erwiderte ich, während ich zu Wim ging, der auf dem Sofa saß. Ich ließ mich neben ihm in die Kissen fallen. »Ist wirklich Post für mich gekommen?«

»Ja, da auf dem kleinen Tisch«, sagte er und zeigte auf einen Briefumschlag, der auf dem Beistelltisch neben dem Sofa lag.

»Hier ist dein Tee.« Paula reichte mir einen Becher. »Ich glaube, der Brief ist vom Internat.«

Mit zittrigen Händen öffnete ich den Brief und las andächtig, was darin stand. Als ich fertig war, schaute ich hoch. Ich sah, dass beide gespannt auf meine Reaktion warteten.

»So ist es«, sagte ich schließlich, »es ist ein Brief vom Internat, und sie fordern mich auf, dort ein Wochenende auf Probe zu verbringen.«

»Wann?«, fragte Paula.

»Nicht lachen, ja? Ich kann schon dieses Wochenende kommen. Die haben es ja ganz schön eilig. Ich rufe gleich meine Mutter an, damit sie mich am Freitag hinbringen können.« Ich stand auf, ging zum Telefon und meldete mich bei meiner Mutter. Es war ein kurzes Gespräch. Wir vereinbarten eine Zeit für Freitag früh.

»Das ging aber schnell«, sagte Paula. »Du wirkst ein wenig enttäuscht, stimmt's?«

»Nein, nicht wirklich enttäuscht oder so«, sagte ich, »aber ein bisschen mehr Interesse hätte ich schon ganz gut gefunden.«

»Ach, für deine Mutter ist es natürlich auch nicht einfach. Und du, hast du Angst?«, fragte Paula.

»Nein, nicht wirklich, ich bin eher aufgeregt. Schließlich kenne ich da niemanden. Und du weißt, mit dem Regeleinhalten habe ich es auch nicht so. Vielleicht werde ich nicht genommen. Und dann? Wie soll es dann weitergehen?«

»Es wird schon klappen. Und wenn du nicht aufgenommen wirst, finden wir bestimmt eine andere Lösung. Ich bin sicher, dass es da unheimlich schön ist und du dort eine Menge neuer netter Menschen kennenlernen wirst. Denk an meine Worte!«, beruhigte mich Paula. Ich musste über ihren Optimismus lachen. Aber vielleicht hatte sie ja Recht.

Plötzlich kam mir Mike in den Sinn. Wie sollte ich ihm das alles erklären? Vielleicht wäre es besser, wenn ich ihm nichts erzählte. Schließlich war ich ihm gegenüber zu nichts verpflichtet, wir hatten nichts miteinander, und er würde sich nur unheimlich aufregen. Ja, das war die richtige Entscheidung. Zufrieden ging ich unter die Dusche und begann im Geiste eine Liste mit all den Sachen zu machen, die ich noch schnell vor dem Wochenende erledigen musste.

Hallo!«, begrüßte uns Piet. »Freust du dich, oder bist du sehr aufgeregt?«

»Sehr aufgeregt«, antwortete ich.

»Na, das wird schon alles hervorragend laufen. Soll ich dir dein Zimmer zeigen? Du hast Glück, du bist in deiner Gruppe das einzige Mädchen. Das heißt, du hast dein eigenes Zimmer, während du sonst das Zimmer mit jemandem hättest teilen müssen. Kommst du?«

Piet ging voraus, und wir folgten ihm in die große rechteckige Halle, in die zwei Gänge mündeten, der eine führte nach links, der andere nach rechts. Vor uns lag ein Raum, den Piet mir zeigte.

»Das ist das Zimmer der Gruppenleiter«, erklärte Piet. »Hier schlafen die Gruppenleiter, wenn sie Dienst haben. Von dem großen Schreibtisch aus kannst du telefonieren. Dort schreiben diejenigen, die Dienst haben, auch den Übergabebericht.«

»Den Übergabebericht?«, fragte ich.

»Darin notieren wir, wie der Tag verlaufen ist und ob es noch Dinge gibt, die der Nächste, der Dienst hat, wissen muss. Eine Art Tagebuch. Ihr dürft jederzeit lesen, was darin festgehalten wird, und wenn etwas geschehen ist, das die anderen Jugendlichen nicht lesen dürfen, wird es in deinem persönlichen Heft notiert. Auch das kannst du einsehen, wenn du willst, es ist nur für dich und die Leitung zugänglich. Alles klar?«

»Absolut.«

»In diesem großen Schrank«, fuhr Piet fort, »wird euer

Taschengeld aufbewahrt. Jeder hat seine eigene Spardose mit einem Zettel darin. Darauf wird genau festgehalten, wie viel herausgenommen wurde. Nur Gruppenleiter haben den Schlüssel für diesen Schrank. In dem Schrank wird auch der süße Brotbelag aufbewahrt. Die Regel lautet, dass beim Essen nur zwei süße Produkte auf dem Tisch stehen dürfen. Wenn eins davon aufgebraucht ist, kann mit Zustimmung des Gruppenleiters ein neues geholt werden. Bei den Brotmahlzeiten gilt, dass man mindestens eine Scheibe Brot – und zwar dunkles – mit etwas Herzhaftem darauf essen muss. Wer dann noch Hunger hat, kann ein Weißbrot mit herzhaftem Belag essen, und wenn man dann immer noch nicht genug hat, darf man jede Menge Brot mit Süßem darauf spachteln. Findest du die Regel zu streng?«

»Nein, überhaupt nicht«, sagte ich lachend. »Ich mag das süße Zeug nicht, und Weißbrot schon gar nicht.«

Wir gingen weiter in den linken Gang, auf dem sich nebeneinander vier weitere Türen befanden.

»Das hier sind alles Schlafzimmer«, erklärte Piet. »Das erste ist deins.« Piet öffnete die Tür.

Ich betrat den Raum. Es war ein kleines Zimmer mit einem Bett an der linken Wand, einem Waschbecken mit kaltem Wasser an der rechten Wand, einem Spiegel und einem Einbauschrank. Vorne blickte man auf ein großes Fenster, von dem aus man das weite Weideland sehen konnte.

»Deine Tasche kannst du schon mal in den Schrank stellen«, sagte Piet. »Ach ja, hier herrscht die Regel, dass man nicht einfach das Zimmer eines anderen betritt. Erst wird an die Tür geklopft, und wenn mit ›Ja‹ geantwortet wird, fragt man, ob man reinkommen darf. Wenn keine Antwort kommt, bleibt man draußen. So hat jeder seine Intimsphäre.«

Wir betraten wieder den Gang und gingen zu der einzigen Tür auf der rechten Seite. Es war die Türe zum Wohnzimmer. Mir fielen in dem Raum gleich die vielen Fenster auf, große Fenster, vor denen halbe Gardinen hingen. Auf der Fensterbank standen jede Menge Pflanzen, ich war verrückt nach Pflanzen. Auf der linken Seite befand sich ein großer Esstisch mit vierzehn Stühlen. Durch eine Tür ging es in die Küche, die nicht besonders eindrucksvoll war. Eine kleine Kochplatte und ein Kühlschrank, ein Schrank mit Geschirr und dergleichen. Und natürlich ein Spülbecken mit warmem Wasser zum Abwaschen.

»Hier wird nicht gekocht«, berichtete Piet, »das machen wir in der Hauptküche. An Wochentagen kann man so viel Milch, Tee und Kaffee trinken, wie man will. Am Wochenende gibt es Limonade und Chips, wenn man Fernsehen gucken will.«

Mein Gott, dachte ich, soll ich hier etwa Kaffee trinken? Na ja, immer noch besser als noch länger zu Hause wohnen müssen. Obwohl meine Mutter und mein Stiefvater uns begleiteten, sprachen wir kaum miteinander. Wenn sie mich schon so schnell loswerden wollten, hatte ich auch keine Lust, mich großartig mit ihnen zu unterhalten.

»Jetzt zeige ich dir den Rest des Hauses«, sagte Piet, und wir folgten ihm wieder in den Gang, diesmal auf die rechte Seite der Halle. Auf der linken Seite des Gangs waren wieder vier Türen. »Hinter der ersten Tür befindet sich die Dusche«, erklärte Piet. »Wir wollen, dass jeden Tag geduscht wird, und es ist dir überlassen, ob du es morgens oder abends tust. Hinter der zweiten Tür liegt die Toilette der Gruppenleiter, aber da du das einzige Mädchen bist, darfst du sie auch benutzen. Die nächste Tür ist wieder eine Dusche, und die Tür dahinter führt zur Toilette der Jungen.«

Auf der rechten Seite des Ganges gab es zwei weitere Türen. »Das sind die Schlafsäle«, sagte Piet, als wir den ersten Raum betraten. Es war ein großes Zimmer mit einer Holzwand in der Mitte, die die beiden Räume voneinander trennte. In jedem Zimmer befanden sich ein Etagenbett, ein Waschbecken und natürlich ein Kleiderschrank.

Wir gingen wieder in den Gang, und Piet fragte, ob wir Lust auf Kaffee hätten. Ich wollte keinen, aber meine Mutter und mein Stiefvater. An dem großen Esstisch wollte Piet wissen, ob noch Fragen offen seien. Er schenkte Kaffee ein, auch für mich. Während ich in meinen Kaffee starrte, fragte Piet, was ich hineinhaben wollte.

»Oh«, stammelte ich, »was weiß ich, gib mir einfach irgendwas.«

»Ich an deiner Stelle würde beim ersten Mal Milch und Zucker nehmen. Dann ist er nicht so stark«, sagte Piet. Aha, dachte ich, der hat mich schnell durchschaut.

»Nein«, antwortete ich.

Piet blickte erstaunt hoch. »Was nein?«, fragte er.

»Nein, ich habe keine Fragen mehr.«

»Schön«, sagte er. In aller Ruhe tranken wir unseren Kaffee, und zum ersten Mal spürte ich, dass mir die Anwesenheit meiner Mutter und meines Stiefvaters doch ganz guttat. Eigentlich war es ein sehr schöner Moment.

Gegen Mittag fuhren meine Mutter und mein Stiefvater nach Hause, und ich blieb alleine zurück. Ich ging in mein Zimmer, um den Koffer auszupacken. Vorher aber setzte ich mich auf das Bett und schaute mich im Zimmer um. Wenn ich hier längere Zeit wohnen sollte, werde ich an dem Raum einiges verändern, dachte ich. Irgendwie hatte er keine Atmosphäre. Die Wände würde ich mit Postern vollpflastern, und das Bett käme unters Fenster, dann hätte ich mehr Platz. Und ein Radio musste her, denn es war unheimlich still.

Es klopfte an der Tür.

»Ja?«, antwortete ich.

Piet öffnete die Tür. »Da ist ein Anruf für dich«, sagte er.

»Für mich?«, fragte ich verdattert.

Piet war schon wieder weg, weil jemand nach ihm rief. Ich blieb verwundert sitzen und dachte: Jesus, ich kann aber auch keinen Schritt tun, ohne dass Mike mich sofort gefunden hat. Das stinkt mir, er hat kein Recht, mich so zu kontrollieren. Woher weiß er übrigens, dass ich hier bin, wie ist er an die Telefonnummer gekommen? Ich kenne sie ja noch nicht mal selbst!

Ich ging zum Zimmer des Gruppenleiters, um das Gespräch anzunehmen. Erstaunt sah ich, dass das Telefon ganz normal auf dem Schreibtisch stand, der Hörer war aufgelegt. Na prima, dachte ich, er hat schon aufgegeben.

Als ich in mein Zimmer zurückging, begegnete ich

Piet auf dem Gang. »Sie wartet noch immer auf dich«, sagte er.

»Sie?«, fragte ich erstaunt. »Ich war eben am Telefon, aber da hat sich niemand gemeldet.«

»Nein, sie benutzt die interne Leitung«, antwortete Piet.

»Die interne Leitung? Was ist denn das schon wieder?«

»Das ist das Telefon im Wohnzimmer. Darüber kannst du innerhalb des Internats telefonieren.«

»Oh«, sagte ich verwirrt, »das wusste ich nicht. Wo finde ich das Ding?«

»Es hängt gleich neben der Tür an der Wand.«

Im Wohnzimmer hing wirklich ein Telefon an der Wand, der Hörer lag obendrauf. Ich nahm den Hörer und sagte leise: »Hier ist Merel.«

»Hallo, hier ist Saskia«, sagte jemand am anderen Ende. »Du kennst mich nicht. Ich bin in einer anderen Gruppe. Hast du Lust, in den Klub zu kommen?«

»Oh ja«, sagte ich. »Wo ist das, was kann man da machen?«

»Ach, im Moment ist hier nicht viel los, weil die meisten übers Wochenende frei haben, aber man kann hier tanzen oder eine Partie Billard spielen. Es liegt an uns, es uns gemütlich zu machen. Ich stehe gerade hinter der Bar, aber ich sehe dich ja gleich. Ich muss jetzt aufhören, jemand will etwas trinken. Bis gleich!«

Die Verbindung wurde unterbrochen. Ich hängte den Hörer ein und ging zum Schlafsaal der Jungen, wo Piet war. »Weißt du, wo der Klub ist?«, fragte ich.

»Wenn du zum Hauptgebäude läufst, ist es da drin die erste Tür links.«

»Darf ich dort hingehen?«

»Ja, natürlich«, antwortete er. »Möchtest du, dass ich mitgehe, oder findest du es alleine?«

Ich sagte ihm, ich würde es schon finden, und ansonsten hätte ich ja einen Mund, um zu fragen. Ich holte meine Jacke und machte mich zum Hauptgebäude auf. Drinnen öffnete ich die erste Tür auf der linken Seite.

Der Klub war ein großer Saal mit einer kleinen Bar. In der Mitte stand ein großer Billardtisch, an dem ein paar Jungen spielten. Ich ging zu ihnen, und sie begrüßten mich freundlich. Sie stellten sich vor und erzählten, dass sie in einer anderen Gruppe wohnten als ich. »Deine Gruppe hat den nettesten Leiter des ganzen Internats«, sagte einer der Jungen.

»Ach ja, wer ist es denn?«, fragte ich.

»Piet.«

»Genau, das stimmt«, meinte das Mädchen hinter der Bar.

»Du bist sicher Saskia«, sagte ich.

»Stimmt. Und es ist wirklich wahr, was er sagt. Piet ist der tollste Gruppenleiter von allen. Mit ihm hat man immer Spaß. Er hat ständig was Lustiges drauf, man darf alles, jedenfalls eine Menge, und auf jeden Fall mehr als bei den meisten anderen, die achten viel stärker auf die Regeln. Bei dem kannst du immer eine Zigarette schnorren. Aber mach ihn nicht sauer, dann ist es vorbei. Überschreite nicht die Grenzen, dann ist er nämlich nicht zu genießen, und es dauert lange, bis er wieder Vertrauen zu dir gefasst hat. Zum Glück passiert das aber nicht so schnell.«

Ich setzte mich auf einen Hocker an der Bar.

»Ich bin mit denen da in einer Gruppe«, sagte Saskia und wies auf die Jungen. »Gefällt es dir hier?«

»Ein bisschen ruhig«, sagte ich.

»Am Wochenende ist das immer so, dann hat fast jeder frei. Aber bei mir zu Hause ist es am Wochenende ziemlich ungemütlich, deshalb finde ich es nicht schlimm, wenn ich hierbleibe.«

Wir schwatzten über Gott und die Welt, bis sich Piet am Telefon meldete. »Würdest du Merel sagen, dass sie zum Essen kommen soll?«, bat er Saskia.

»Wie spät ist es denn?«, fragte ich.

Saskia schaute auf ihre Uhr. »Fünf.«

»Was, so spät schon? Na, dann werde ich mal gehen. Danke für die gute Unterhaltung.«

»Ich rufe dich morgen wieder an«, sagte Saskia.

»Ja, das ist prima. Bis morgen!«

»Bis morgen!«, riefen auch die Jungen.

Ich zog meine Jacke an und ging zum Haus zurück. Drinnen begrüßte mich Piet auf dem Gang. »Hat es dir gefallen?«

»Es war sehr nett.«

»Oh Gott! Wahrscheinlich mit Saskia, was? Das glaube ich nicht«, sagte einer der Jungen, die neben Piet standen.

Piet lachte. »Komm, lass uns reingehen«, meinte er.

Ich ging mit ihm und setzte mich an einen Tisch, an dem bereits vier Jungen saßen. Große Schüsseln wurden auf den Tisch gestellt, und einer der Jungen hob einen Deckel hoch.

»Oh Mann! Guck dir das an, schon wieder Schuhsohlen«, sagte er und holte mit der Gabel ein Stück Fleisch aus dem Behälter. Ich musste schrecklich lachen.

»Noch hast du gut lachen, aber warte mal ab, bis du es gegessen hast, dann vergeht dir das Lachen«, sagte der Junge.

»Immer her mit der Schuhsohle«, sagte ich. Ich nahm einen Bissen. Es war mucksmäuschenstill. Fast hätte ich mir an dem Stück Fleisch einen Zahn ausgebrochen, und alle begannen zu lachen. Sie hatten Recht. Es war scheußlich.

Zwei Wochen nach dem Probewochenende wurde ich aufgenommen. Schon bald gefiel es mir in der Gruppe unwahrscheinlich gut, und die Zeit verging wie im Flug.

An einem sonnigen Freitagmorgen packte ich meine Sachen für das erste freie Wochenende. Ich schaute auf die Uhr und sah, dass es bereits halb zehn war. Um Viertel vor zehn konnte ich mir im Hauptgebäude das Geld für die Heimreise abholen. Ich würde einen Umschlag mit der abgezählten Summe für Zug und Bus bekommen. Also verabschiedete ich mich pünktlich um Viertel vor zehn vom Gruppenleiter, marschierte zum Hauptgebäude und nahm dort meinen Umschlag in Empfang. Ich musste das Geld nachzählen und den Erhalt mit meiner Unterschrift quittieren.

Zusammen mit einem Jungen aus meiner Gruppe ging ich zum Bahnhof. Es war ein Fußmarsch von bestimmt zwanzig Minuten durch den Wald, bevor man den Bahnhof erreichte, doch das machte mir nichts aus. Der Junge fuhr ein ganzes Stück mit mir zusammen, zwei Stationen vor mir musste er aussteigen. Für uns beide war es die erste Fahrt mit dem Zug, wodurch es noch schöner wurde.

Nach anderthalb Stunden war der Junge an seinem Ziel angelangt, und wir vereinbarten eine Zeit, zu der wir am Sonntag mit dem Zug zurückfahren würden, dann könnten wir wieder gemeinsam reisen, denn das machte Spaß. Zwei Stationen später hielt der Zug in meiner Stadt. Als ich den Bahnhof verließ, sah ich meine Mutter, die im Auto auf mich wartete. Ich öffnete die Tür und begrüßte sie. Es war schon komisch, sich nach so langer Zeit wiederzusehen, und noch ungewohnter würde es sein, wieder zu Hause zu schlafen. Dennoch freute ich mich darauf.

Als wir zu Hause waren, sagte meine Mutter: »Du kannst dir aussuchen, was du an diesem Wochenende unternehmen willst. Du kannst machen, was du willst, aber ich fände es schön, wenn du zum Essen zu Hause bist.«

»Okay, prima. Ich denke, das sollte klappen, meinst du nicht?«

Meine Mutter nickte mir aufmunternd zu.

Der Abend verlief ruhig, ehrlich gesagt, sogar total entspannt. Wir hingen gemütlich vor der Glotze, bis mein Stiefvater um halb elf von der Arbeit nach Hause kam. Ich fand, dass der Tag lang genug gewesen sei, und ging ins Bett.

Morgen früh gehe ich mal bei Mike vorbei, um zu sehen, wie es ihm geht, dachte ich, als ich im Bett lag. Seit ich im Internat war, hatte ich ihn nicht mehr gesehen. Vielleicht wusste er noch gar nicht, dass ich dort war. Mit diesem Gedanken schlief ich ein.

Am nächsten Morgen saß ich um ungefähr elf Uhr auf dem Rad und fuhr zu Mike. Ich war gespannt, wie es ihm ging. Eine Viertelstunde später bog ich in seine Straße ein und sah, dass neben dem Haus ein Auto mit Anhänger stand. Während ich mein Fahrrad abschloss, kam der Nachbar aus Mikes Haus. Er legte einen Stuhl in den Anhänger und ging wieder ins Haus.

In diesem Moment hörte ich, wie ein Auto hinter mir anhielt. Ich drehte mich um und sah eine kräftige Frau und zwei Mädchen meines Alters aussteigen.

»Hallo!«, sagten sie fröhlich.

»Hallo!«, grüßte ich zurück.

»Wir kommen den Bouvier holen«, sagte die Frau. »Du bist sicher Merel, stimmt's?«

Ich nickte. »Und wer bist du?«

»Ich bin Mikes Schwester, und die Mädchen hier sind meine Töchter. Wir nehmen den Welpen mit, dann ist zumindest ein Hund gut untergebracht. Wenn du ihn besuchen willst, bist du jederzeit willkommen. Ich weiß doch, wie verrückt du nach den Hunden bist.«

»Wo sind denn die anderen Hunde?« Ich verstand gar nichts.

»Die beiden großen sind im Tierheim, und den anderen Welpen will Mike behalten. Der befindet sich also übergangsweise auch im Tierheim«, antwortete sie.

In diesem Moment kamen die beiden Mädchen mit dem Hund aus dem Haus. Der Hund sah mich und sprang begeistert an mir hoch. Dann sprang er mit einem Satz ins Auto, auf dem Weg zu seinem neuen Zuhause.

»Du weißt Bescheid, ja? Wenn du ihn sehen willst, brauchst du nur anzurufen.« Mikes Schwester lächelte mir zu und stieg ins Auto. Sie fuhren davon, und ich starrte ihnen verwundert hinterher, bis sie in der Ferne verschwunden waren.

Ich war immer noch ganz durcheinander, als ich in Mikes Garten hinter dem Haus und durch die Glasschiebetür hineinging. Zu meinem großen Schrecken sah ich, dass das Wohnzimmer fast völlig leer geräumt war, nur noch die Couchgarnitur und der Fernsehapparat waren da. Ich ging die Treppe hinauf, um nachzuschauen, was da oben geschah, denn dort war der Nachbar heftig zugange. Zunächst blickte ich in das Zimmer der älteren Kinder, das auch völlig leer war. Jetzt kapierte ich überhaupt nichts mehr.

Schnell lief ich zum anderen Kinderzimmer, öffnete die Tür – auch hier stand nur noch das Bett. Wie betäubt ging ich zur nächsten Tür, dorthin, wo Mikes und Karins Schlafzimmer sein musste.

Vorsichtig öffnete ich die Tür und linste hinein. Ich entdeckte ein Doppelbett, neben dem sich auf beiden Seiten eine Porzellanfigur mit einem Lampenschirm befand. Das war alles. Es wirkte, als würde hier niemand mehr wohnen. Was war geschehen?

»Die Lampen sind die einzigen wertvollen Sachen, die er noch hat«, sagte der Nachbar, der plötzlich hinter mir stand. Ich hatte ihn nicht kommen hören. Ich drehte mich zu ihm um und fragte: »Kannst du mir vielleicht verraten, was hier los ist?«

»Weißt du das denn nicht?«

»Nein, ich weiß nur, dass es wenig Gutes zu bedeuten hat«, erwiderte ich und setzte mich auf die Bettkante.

»Mike liegt im Krankenhaus. Er hat kräftig einen auf den Schädel bekommen.«

»Wer hat das getan?«, fragte ich entsetzt.

»Das weiß man nicht«, sagte der Nachbar. »Er war mit einem Freund im Jugendzentrum, und das endete in einer Schlägerei. Bevor er wusste, wie ihm geschah, hatten ihn gleich mehrere Kerle gleichzeitig gepackt. Wahrscheinlich hatten sie Angst, sonst hätte ihn doch einer alleine angegriffen, oder? Jedenfalls hat er eine Gehirnerschütterung und kann noch von Glück sagen, dass er so gut davongekommen ist.«

»Aber weshalb sind dann die Hunde weg?«

»Wer soll sich denn um sie kümmern? Für Mike ist das viel zu viel. Vier Hunde, das schafft er nicht«, antwortete der Nachbar.

»Ist Karin denn nicht da?«

»Die ist nach Groningen geflüchtet. Ich bin der Einzige, der weiß, wo sie ist, deshalb bringe ich auch all ihre Sachen weg. Dann kann sie einen Schlussstrich ziehen, verstehst du? Sie war einfach anders als Mike. Ehrlich gesagt, sie war einfach zu normal, zu bürgerlich. Tja, mit einem Menschen zusammenzuleben, der so anders ist, das ist schwer. Sie glaubte, ihn ändern zu können, aber er ist und bleibt nun mal ein alter Gauner.«

»Wann ist sie gegangen?«

»An dem Abend, bevor er vermöbelt wurde. Er meinte, er könnte seinen Kummer vergessen, wenn er einen Zug durch die Gemeinde macht, und das endete dann so.«

»Sie hat wirklich alles mitgenommen«, sagte ich, während ich mich umschaute. »Er hat alles verloren: seine Möbel, seine Freundin ... und wo sind die Kinder?«

»Bei der Mutter«, sagte der Nachbar.

Armer Mike, dachte ich. Ich muss so schnell wie möglich zu ihm und ihm klarmachen, dass er wenigstens mich noch hat, auch wenn er nicht weiß, dass ich nicht mehr zu Hause wohne. Ich schaute den Nachbarn an: »In welchem Krankenhaus liegt er?«

»Willst du ihn etwa besuchen?«, fragte er. Ich nickte.

»Mädchen, Mädchen, an deiner Stelle würde ich dafür sorgen, dass du nie etwas mit ihm zu tun bekommst. Glaub mir, das ist wirklich kein einfacher Bursche.«

»Ja, wenn jeder so denkt, dann bleibt ihm niemand.« Empört lief ich nach unten. »Ich finde es schon selbst, herzlichen Dank!«

Nachdem ich mich eine Viertelstunde wie wild auf dem Fahrrad abgestrampelt hatte, erreichte ich das Krankenhaus. Die großen Schiebetüren gingen auf, und ich trat ein. Auf der rechten Seite der Halle befand sich ein Informationsschalter, und in der Mitte der Halle hing ein großes Schild, auf dem die Namen und dazugehörigen Abkürzungen der Abteilungen standen. Links waren zwei Aufzüge, und hinten in der Halle sah ich einen großen Raum mit Stühlen und Tischen vor einer kleinen Theke, wo man etwas zu trinken bestellen konnte. Allerdings hing der Raum so voll Zigarettenqualm, dass man nicht viel erkennen konnte.

Ich wollte gerade zum Informationsschalter gehen, um mich nach Mike zu erkundigen, als ich seine Stimme hörte. Sie kam aus dem Raum, in dem der Zigarettenqualm hing. Automatisch lief ich in diese Richtung, und als ich die Tür erreichte, sah ich, dass Mike, die Zigarette im Mund, zusammen mit seiner Schwester, die kurz zuvor erst einen seiner Hunde geholt hatte, über etwas lachte.

Ich blieb in der Türöffnung stehen. Alles sprach dafür, dass es ihm schon sehr viel besser ging. Zwar hatte er noch einen Verband um den Kopf, und seine Bewegungen waren etwas vorsichtiger als sonst. Das Sprücheklopfen hatte er aber offensichtlich nicht verlernt, er hielt lautstarke Volksreden. Ich musste darüber lachen. Auf jeden Fall ein Zeichen dafür, dass es ihm gut ging.

In diesem Moment bemerkte er mich. Völlig überrascht schaute er mich an. Ich ging zu ihm. Ganz vorsichtig erhob er sich von seinem Stuhl und kam auf mich zu. Jetzt wirkte er nicht mehr überrascht, sondern froh. Als er vor mir stand, sah ich Tränen in seinen Augen. Er nahm mich in die Arme und drückte mich an sich. Mir blieb nichts anderes übrig, als ihn ebenfalls fest zu drücken.

»Was bin ich froh, dass du hier bist«, sagte er leise. »Ich dachte schon, dich hätte ich auch verloren.«

Mir schossen allerlei Antworten durch den Kopf, doch ich brachte keine einzige über die Lippen. Ich hatte unheimlich Mitleid mit ihm. Er war zu einem kleinen Häufchen Elend mit gewaltigem Kummer geworden. In diesem Moment sagte seine Schwester: »Na, siehst du, Brüderchen, jetzt wird doch noch alles gut! Gib mir einen Kuss, ich mache mich vom Acker.«

Mike drehte sich um und gab seiner Schwester einen Kuss auf die Wange. Sie klopfte mir auf die Schulter und sagte: »Sorgst du dafür, dass er sich an diesem Wochenende ein bisschen ruhig verhält?«

Ich beantwortete ihre Frage mit einem Lachen und schaute ihr zusammen mit Mike nach, als sie durch die Tür davonging. »Und vielen Dank noch!«, rief ihr Mike nach, woraufhin sie eine Hand in die Luft streckte.

Mike führte mich zu einem Tisch und setzte sich auf einen der Stühle, die danebenstanden. Vorsichtig zog er mich auf seinen Schoß. »Wo bist du nur die ganze Zeit gewesen?«, flüsterte er. »Hast du gehört, was passiert ist?«

Ich wagte nicht, ihn anzuschauen, während ich ihm antwortete. »Ich habe mit deinem Nachbarn gesprochen, als ich zu dir wollte und du nicht da warst. Er hat mir erzählt, dass Karin weg ist und dass die Kinder bei ihrer Mutter sind.« Jetzt wandte ich ihm doch mein Gesicht zu und betrachtete seine Verletzungen etwas genauer.

»Sieht böse aus, was?«, sagte er.

Ich nickte.

»Die haben es mit ein paar Stichen genäht. Wahrscheinlich findest du mich superattraktiv mit dem Verband um den Kopf, stimmt's?«

Ich musste über die Bemerkung lachen. »Ich habe wirklich einen Schrecken bekommen, als ich sah, dass die Hunde weg sind, und als ich hörte, dass du dich geprügelt hast und dass es nicht gut ausgegangen ist«, antwortete ich so ernst wie möglich.

Mike zog mich an sich und sagte: »Den Kindern geht es bei ihrer Mutter besser als bei mir, jetzt, wo Karin weg ist. Und sobald ich aus dem Krankenhaus raus bin, holen wir deinen Lieblingshund aus dem Tierheim. Aber ich nehme nur einen. Alle vier sind zu viel für mich, verstehst du?«

Ich schaute ihn an. Der Ausdruck in seinen Augen war matt. Nie zuvor hatte ich ihn so gesehen. Ich musste ihm gegenüber auf jeden Fall ehrlich sein, fand ich. Er hatte einfach unheimlich viel Pech in kurzer Zeit gehabt. Ich stammelte: »Eh ... eh ... um auf deine Frage zurückzukommen, wo ich gewesen bin ... Eh, ich wohne nicht mehr hier in der Stadt.« Ich wendete den Blick ab und schaute auf den Boden, in der Hoffnung, die Enttäuschung in seinen Augen nicht sehen zu müssen.

»Das weiß ich«, sagte er.

Erstaunt schaute ich hoch. »Das wusstest du? Woher hast du das gewusst?«

»Spielt doch keine Rolle, aber ich weiß schon eine ganze Weile, dass sie dich ins Internat gesteckt haben, wie sie es geplant hatten. Das ist auch der Grund dafür, dass Karin weg ist. Ich wollte dich da rausholen und zu uns ins Haus nehmen, aber das wollte sie nicht. Sie war der Meinung, ich beschäftige mich zu viel mit dir und zu wenig mit unserer Beziehung. Ich habe ihr klarzumachen versucht, dass du mir einfach viel bedeutest, dass sie eifersüchtig ist. Aber sie hatte schon beschlossen, mich zu verlassen, aber ich finde es nicht schlimm, dass sie weg ist. Schließlich habe ich jetzt dich.«

Erneut gelang es ihm, mich mit seinen Schmeicheleien um den Finger zu wickeln, obwohl er doch wusste, dass ich nach dem Wochenende wieder ins Internat zurückkehren würde.

»Ich finde es sehr nett von dir, nur will ich überhaupt nicht bei dir wohnen. Ich will im Internat bleiben und einfach mal bei dir reinschauen, wenn ich frei habe.«

»Okay«, sagte er ganz ruhig, »aber ich habe eine Bitte an dich.«

»Was denn?«

»Ich darf heute nach Hause, wenn jemand für mich sorgt. Ich komme schon selbst zurecht, aber jemand muss unterschreiben. Würdest du das tun?«

»Ich kann nicht die ganze Zeit bei dir bleiben, da hat meine Mutter was dagegen«, antwortete ich, und es erstaunte mich, dass er ausgerechnet mich darum bat.

»Nein, das erwarte ich auch nicht von dir. Wenn du unterschreibst, darf ich nach Hause, und da komme ich schon selbst klar. Ich kann ja auch jederzeit meine Schwester anrufen.«

Ich blickte kurz hoch und sah ihm an, dass er mich fast um die Unterschrift anflehte.

»In Ordnung«, sagte ich. »Auf eigenes Risiko.«

In dem Moment nahm er meinen Kopf zwischen beide Hände und gab mir einen Kuss auf den Mund.

Nach diesem ersten freien Wochenende kam mir das Leben im Internat ziemlich gleichförmig vor. Um halb acht aufstehen, essen, duschen und ab in die Schule. Mittags essen und schwupp, wieder in die Schule. Nach der Schule kurz in den Klub oder mit Marja rumalbern.

Marja war meine Freundin im Internat. Sie gehörte zu einer anderen Gruppe, aber das machte es gerade so schön. Marja war ein Jahr jünger als ich und sehr beliebt in ihrer Gruppe. Wenn wir gegen fünf Uhr die Essenwagen in Richtung der Gruppen fahren sahen, wussten wir, dass wir schnell zum Essen in unsere eigene Gruppe mussten. Das war auch so eine Regel: Alle sollten zusammen am Tisch sitzen.

Jeden Tag pünktlich um sechs Uhr rief Mike an. Daher aß ich immer schnell und wartete anschließend auf seinen Anruf. Meistens saßen wir dann noch beim Nachtisch. Zum Glück mochte ich den nicht. Wenn im Flur die Klingel des Telefons ertönte, schrie ich: »Mike!«, dann sprang ich auf und flitzte ins Zimmer des Gruppenleiters. Mike rief von einer Telefonzelle an, deshalb hatten wir diese Zeit vereinbart, damit er mich auch sicher erreiche.

Meistens dauerten unsere Gespräche nur fünf Minuten, und im Wesentlichen ging es darum, dass Mike mir sagte, er vermisse mich sehr und ich könnte immer bei ihm wohnen und ich bräuchte mir über nichts Sorgen zu machen. Er versprach, dass er für mich sorgen würde, sodass wir zu zweit glücklich werden könnten. Allerdings konnte ich ihn jedes Mal davon überzeugen, dass ich im

Internat am besten aufgehoben war, dass ich es toll fand, dass er mich jeden Tag anrief, und dass ich seinen Anruf kaum erwarten könnte. In der Regel endeten die Gespräche mit einem Piepston, weil das Geld zu Ende war.

Eines Tages sagte er plötzlich: »Ich liebe dich. Und jeden Tag, an dem du nicht hier bist, vermisse ich dich.« In diesem Moment kam Piet ins Zimmer. Als er mich etwas fragte, erschrak ich dermaßen, dass ich mit der Hand einen Knopf berührte, der die Verbindung unterbrach.

»Was ist?«, fragte Piet.

Verdattert schaute ich erst ihn und dann das Telefon an. »Ich, eh … habe die Verbindung unterbrochen, sagte ich und brach in Lachen aus.

»Was ist daran denn so witzig?«, fragte Piet und setzte sich auf den Rand des Schreibtischs, auf dem das Telefon stand.

»Der coole Mike sagt, dass er mich liebt! Ha, wer hätte das gedacht!«

»Und du?«, fragte Piet nüchtern. »Liebst du ihn?«

Das Lachen verging mir mit einem Schlag, und mir wurde klar, dass es ernst war. »Ob ich ihn auch liebe? Hm, ich weiß nicht. Ich finde ihn sehr nett. Er gibt mir das Gefühl, dass ich wichtig bin und etwas Besonderes, und er gibt mir Sicherheit. Das gibt mir ein ungeheuer gutes Gefühl, wenn jemand hinter mir steht, der mich beschützen will. Aber ob ich ihn liebe? Tja, vielleicht schon, aber ich glaube nicht auf die Art, die er meint.«

»Bist du verliebt?«

Ich lief rot an.

»Also doch«, sagte Piet.

»Ich denke, ja. Ich warte immer total gespannt darauf,

dass er anruft, und ich kann es kaum abwarten, ihn zu sehen, wenn ich frei habe. Er hat schon ein paar Mal gesagt, dass er mich holen kommt, falls ich will, und dass ich dann bei ihm bleiben kann.«

»Willst du das denn?«, fragte er.

»Nein«, sagte ich. »Ich weiß, dass hier mein Platz ist, und ich weiß auch, weshalb ich hier bin. Hier gefällt es mir, da habe ich keinen Zweifel.«

In diesem Moment wurde unser Gespräch durch das Läuten des Telefons unterbrochen. Ich nahm den Hörer ab. »Hallo?«

»Was hast du gemacht?«, hörte ich Mike am anderen Ende der Leitung sagen. »Ich sage dir, dass ich dich liebe, Piet kommt ins Zimmer, und du legst auf! Erzähl mir nicht, dass es nicht so gewesen ist, ich habe ihn gehört. Ich habe dir doch gesagt, dass mit diesem Piet nicht viel los ist. Wenn du willst, mache ich ihn einen Kopf kleiner.«

Während ich ihm zuhörte, gab ich Piet ein Zeichen, dass er das Zimmer verlassen sollte. Nachdem er die Tür hinter sich zugemacht hatte, versuchte ich Mikes Gezeter zu unterbrechen, doch es gelang mir nicht wirklich.

»Ich musste bis nach Hause laufen, um Kleingeld zu holen, damit ich wieder anrufen konnte. Das machst du nicht noch mal mit mir!«, sagte Mike jetzt noch wütender.

»Ich habe mich erschreckt, als Piet reinkam«, sagte ich, »und da habe ich dich weggedrückt.«

Für einen Moment war es still am anderen Ende. »Liebst du mich auch?«, fragte Mike.

Ich antwortete nicht. Ich brachte keinen Ton heraus. Ich war total sprachlos.

»Aha«, sagte Mike, »sagst du nichts, weil dieses Arschloch immer noch neben dir steht?«

»Du brauchst nicht so auf mir rumzuhacken«, sagte ich. »Nein, er ist wieder gegangen. Und stell dich verdammt noch mal nicht so eifersüchtig an. Ich lege jetzt auf. Morgen kannst du ja wieder anrufen. Entschuldige, dass ich die Verbindung unterbrochen habe, aber glaub nicht, dass ich es absichtlich getan habe, um dich zu ärgern.«

»Nein, das wäre ja auch noch schöner. Mach dich auf zu deinem Piet, und wenn du Glück hast, rufe ich morgen wieder an«, sagte Mike grimmig. »Den schnappe ich mir noch, diesen Typen. Vergiss meine Worte nicht!«

Ich konnte mir nicht verkneifen, ihm noch zu sagen, dass er gefälligst etwas freundlicher sein solle, wenn er das nächste Mal anrief. Diesmal war es Mike, der die Verbindung unterbrach.

Ich verließ das Zimmer der Gruppenleitung. Dieser bescheuerte Mike war eifersüchtig auf Piet. Ha, ausgerechnet auf Piet! Ich musste zugeben, dass er der netteste und umgänglichste Gruppenleiter im Internat war. Ich verstand mich einfach hervorragend mit Piet, und Mike spürte das natürlich.

Am nächsten Tag rief Mike wie gewohnt an, genau wie an den Tagen danach, immer um dieselbe Zeit. Piet war noch immer nicht sein Freund, und Mike konnte sich ungemein über ihn aufregen. Vor allem, wenn ich ein klein wenig zu viel über ihn erzählte, dann konnte er furchtbar eifersüchtig reagieren. Insgeheim schmeichelte mir das.

Es war wieder Freitag, und das bedeutete: freies Wochenende. Morgens vor der Schule hatte ich schon meine Tasche gepackt, sodass ich um halb zwei sofort zum Zug laufen konnte. Ich war fürchterlich nervös und spürte ein Kribbeln im Bauch. Mit Mike hatte ich vereinbart, dass er mich vom Zug abholen sollte. Ich konnte an nichts anderes denken, als ich mich vom diensthabenden Gruppenleiter verabschiedete. Der Junge, mit dem ich immer zusammen fuhr, wartete bereits auf mich, und nachdem ich mein Geld für den Zug bekommen hatte, rannten wir gemeinsam zum Bahnhof.

»Was bist du heute still«, sagte er, als wir uns im Zug gegenübersaßen.

Ich kicherte ein wenig, schaute aber weiter aus dem Fenster.

»Du wirst ja ganz rot. Was hast du zu verbergen?«

Ich schaute ihn an und sagte bissig: »Wieso rot? Red doch keinen Quatsch.« Ich seufzte. »Okay, ich bin ein bisschen nervös. Ich bin sicher, das Wochenende wird toll, und wenn ich gleich ankomme, wartet Mike auf mich. Weißt du, meine Mutter und mein Stiefvater haben uns für heute Abend zum Essen eingeladen. Wie findest du das?«

Er begann zu lachen. »Du bist verliebt! Du strahlst wie ein Honigkuchenpferd, und meiner Meinung nach willst du so schnell wie möglich nach Hause. Stimmt doch, oder nicht?«

Ich zuckte mit den Achseln und schaute wieder aus dem Fenster. Erneut seufzte ich.

»Na gut«, fuhr er fort, »ich halte jetzt den Mund. Es sei dir verziehen, dass du so wenig unterhaltsam bist.« Und auch er schaute gedankenverloren aus dem Fenster.

Eine halbe Stunde später näherten wir uns dem Bahnhof, an dem er aussteigen musste. Mein Reisegefährte stand auf, holte seine Tasche aus dem Gepäcknetz, warf sie sich über die Schulter und sagte: »Merel, ich wünsche dir ein superschönes Wochenende. Mach zu Hause keinen Ärger, sonst sitzen wir nächste Woche nicht zusammen im Zug. Du weißt doch, dass du ein freies Wochenende aussetzen musst, wenn es zu Hause Krach gegeben hat. Versuch also, dich ein bisschen zurückzuhalten, ja?«

»Ich werde mein Bestes tun. Wenn sie sich Mike gegenüber ein bisschen normal verhalten, wird es wohl keine Probleme geben.«

»Okay«, sagte er lachend, »dann sehen wir uns am Sonntag zur gewohnten Zeit wieder im Zug.«

»Klaro. Schönes Wochenende, und bis Sonntag!« So verabschiedeten wir uns. Der Zug fuhr weiter und eine Viertelstunde später musste ich aussteigen. Ich griff nach meiner Tasche, warf sie mir über die Schulter und lief durch den Gang zur Tür des Zuges, um sofort aussteigen zu können, wenn er hielt. Es konnte alles nicht schnell genug gehen. Es dauerte Ewigkeiten, bis der Zug endlich stillstand und ich die Tür öffnen konnte. Sofort sprang ich aus dem Zug, überquerte die Gleise und schaute mich um, ob ich Mike irgendwo entdecken konnte. Ja, ganz hinten sah ich ihn stehen! Er kam auf mich zugelaufen. Ich rannte ihm entgegen und flog ihm um den Hals. Er gab mir einen Kuss und sagte: »War die Fahrt einigermaßen?«

»Ja. Wie immer, nichts Besonderes.«

Mike legte einen Arm um mich, und wir gingen den Bahnsteig hinunter zum Bus. Wir wollten direkt zu meiner Mutter fahren.

An der Haltestelle stellten wir fest, dass wir den Bus gerade verpasst hatten und noch eine Viertelstunde warten mussten. Mir machte das nichts aus, denn so konnte ich noch eine Weile mit Mike alleine sein. Doch dann begann es zu regnen, und weil Mike keine Jacke anhatte, fing er an, verärgert hin und her zu tigern und zu schimpfen. »Komm doch her, stell dich mit unter das Dach«, sagte ich, doch er reagierte nicht. Ihm war anzusehen, dass ihm irgendetwas nicht passte.

»Wir nehmen ein Taxi. Komm!« Mike griff nach meinem Arm und zog mich zum Taxistand. Der Regen wurde immer heftiger, deshalb rannten wir zum erstbesten Taxi, das wir sahen. Mike öffnete mir die Tür, sodass ich mich auf den Rücksitz setzen konnte. In diesem Moment stieg der Taxifahrer aus und sagte: »He, so geht das nicht. Das Taxi ist reserviert. Ihr könnt hier nicht einfach so einsteigen.«

»Nein?«, sagte Mike. »Willst du mal sehen, was wir können?«

Ich riss mich von Mike los und wich ein paar Schritte zurück. Ich schaute mich um. Jeder auf dem Bahnhofsvorplatz beobachtete uns, doch niemand wagte etwas zu tun. Ich schämte mich zu Tode, denn auch wenn ich Mike cool fand, es war doch alles andere als angenehm, dabei sein zu müssen, wenn er sich so aufführte. Der Taxifahrer ging um das Auto herum auf Mike zu. Anscheinend wusste er nicht, wen er vor sich hatte. Er wollte Mike daran hindern, ins Taxi zu steigen. In diesem Moment verlor Mike die Beherrschung und begann den armen Mann zu schlagen und zu treten.

Ich erschrak und wollte Mike zurückhalten, doch ich wusste nicht, wie ich das anstellen sollte. Jeder um mich herum wendete sich ab und tat, als sei nichts geschehen. Also musste ich selbst etwas unternehmen. Als der Taxifahrer auf der Erde lag, begann ich an Mikes Arm zu zerren. Sofort bekam ich einen so heftigen Schlag ins Gesicht, dass ich mich um die eigene Achse drehte. Ich fasste mir an die Nase. Sie tat unglaublich weh. Ob sie wohl gebrochen ist?, schoss es mir durch den Kopf. Anscheinend erschrak Mike vor sich selbst, denn er schaute mich an und vergaß den Taxifahrer. Der Mann öffnete die Tür und stellte eine Alarmanlage an, ein Geräusch, das einem durch Mark und Bein drang. Hundert Meter weiter war eine Polizeistation und davor hatte selbst Mike Respekt.

Als er sah, dass unser Bus kam, zog er mich am Arm hinter sich her und schubste mich durch die offene Tür hinein. Wir setzten uns auf die hinterste Bank. Mit der Hand vor meiner Nase schaute ich nach draußen. Ich war total durcheinander. Wie konnte er nur glauben, mit Schlägen seinen Willen zu bekommen? Der Mann hatte doch schließlich auch nur seine Arbeit getan.

Mike packte meine Hände und wollte sie mir von der Nase wegziehen. Ich blickte immer noch nach draußen und war sprachlos vor Wut.

»Lass mich mal sehen.« Mike zog meine Hände weg. »Ach, das ist nicht so schlimm. Sie ist nicht gebrochen, nur ein bisschen Blut«, sagte er. Da wagte ich es wieder, ihn anzuschauen.

Er wischte mir mit dem Ärmel das Blut aus dem Gesicht und küsste vorsichtig meine schmerzende Nase. Unter ständigen Küssen sagte er: »Entschuldige, tut mir leid, ich wollte dir doch keine verpassen. Ich habe nicht gesehen, dass du es warst. Kannst du mir noch mal verzeihen?«

Ich schmolz unter seinen Küssen dahin und glaubte ihm. »Ich verzeihe dir, wenn du derartige Dinge nie wieder in meinem Beisein tust. Der Mann hat doch nur seine Arbeit gemacht«, sagte ich, inzwischen schon etwas weniger wütend.

Er nickte und setzte eine übertrieben betretene Miene auf, um mich zum Lachen zu bringen. Doch ich wendete mich von ihm ab und schaute wieder aus dem Fenster, während ich mich fragte, wie ich das alles zu Hause erklären sollte.

Der Abend verlief gut. Es war offensichtlich, dass sich meine Mutter und mein Stiefvater größte Mühe gaben, ihn angenehm zu gestalten. Ich verlor kein Wort über die Schlägerei, und falls mir etwas anzusehen gewesen sein sollte, erwähnten sie es nicht. Nach dem Essen ging Mike gesittet nach Hause, und während des restlichen Abends wurde nicht mehr über ihn gesprochen. Ich ging früh ins Bett und starrte an die Decke.

Hatte ich jetzt eine feste Beziehung?, fragte ich mich. Mike hatte mich nicht gefragt, aber meiner Meinung nach waren wir jetzt ein Paar, und der Gedanke verursachte ein angenehmes Gefühl im Bauch. Ja, Mike und ich waren ein Paar! Ich hatte also einen festen Freund! Wow, zum ersten Mal hatte ich einen richtigen Freund. Phantastisch! Der Schlag in mein Gesicht war nicht nett gewesen, aber das war bestimmt aus Versehen passiert. Ich hatte doch deutlich gesehen, dass er selbst auch einen gewaltigen Schrecken bekommen hatte, und danach hatte er es mit seinen Küssen und den lieben Worten mehr als gutgemacht.

Glücklich schlief ich ein.

Ich lag noch im Bett, als ich spürte, wie die Sonne durchs Fenster auf meine Bettdecke schien. Ich drehte mich um und sah auf dem Wecker, dass es zehn Uhr war. Die richtige Zeit zum Aufstehen, dachte ich, stieg aus dem Bett und ging unter die Dusche. Eine halbe Stunde später radelte ich mit einem Butterbrot in der Hand zu Mike.

An diesem Tag wurde in der Stadt gefeiert. Die größte Veranstaltung war ein Musikfestival, bei dem Fernsehaufnahmen gemacht werden sollten. Wir wollten uns mit einer ganzen Gruppe bei Mike treffen und dann alle zusammen in die Stadt ziehen, um richtig schön zu feiern. Eine Viertelstunde später war ich bei Mike. Ich ging durch den Garten, öffnete die Schiebetür und sah, dass Mike nicht im Wohnzimmer war.

»Hallo!«, rief ich laut. Da ich mich hier inzwischen schon wie zu Hause fühlte, ging ich in die Küche, um Kaffee zu machen. Seit dem ersten Mal im Internat hatte ich mich immer mehr an den Geschmack gewöhnt, und jetzt hatte ich richtig Lust darauf. Oben hörte ich es rumoren und poltern, und dann Schritte auf der Treppe. Mike kam in die Küche, die Hose noch offen und seine Socken in der Hand. Er gab mir einen Kuss und lehnte sich ans Waschbecken, um sich die Socken anzuziehen.

Während ich den Kaffee mit dem Messlöffel abzählte, fragte Mike: »Hast du Lust?«

»Worauf?«

»Das Fest natürlich.«

Ich lachte. »Ach, das Fest! Ja, super. Was machen wir da eigentlich?«

»Auf jeden Fall fahren wir alle zusammen mit dem Fahrrad in die Stadt. Die anderen wollen wohl auf dem Marktplatz abhängen. Ich mache heute einen auf ruhig und bleibe bei dir. Sollen wir uns irgendwo draußen in ein Café setzen?«

»Oh ja, das wäre schön, super!« Ich freute mich darauf, Mike eine Weile für mich allein zu haben.

Plötzlich hörte ich, dass die Schiebetür geöffnet wurde. »Hallo!«, ertönte eine Stimme.

Wir gingen ins Wohnzimmer und sahen Mikes Freunde hereinkommen, die sich auf dem Sofa niederließen. Ich schaute sie mir aus der Türöffnung der Küche an und bemerkte, dass sie alle solche Typen waren wie Mike. Tätowierungen, coole Kleidung, muskelbepackt und flotte Sprüche auf den Lippen. Sie begrüßten mich, als sie mich entdeckten und riefen: »Kaffee!«

Ich drehte mich um und war froh, eine große Kanne gemacht zu haben. Die Ruhe mit Mike konnte ich in den Wind schreiben. Na ja, gleich würden wir uns ja in ein Café verziehen, das würde schön werden.

In der Küche stellte ich die Tassen auf die Anrichte. Plötzlich stand einer der Jungen hinter mir und sagte: »Passt du auf mit Mike?«

Überrascht drehte ich mich um und blickte in ein nettes Gesicht, das mich in diesem Moment allerdings sehr ernst anschaute. Ich war dem Jungen schon häufiger begegnet, beim Schwimmen im Kanal. Er war der Zurückhaltendste von allen. Eigentlich war er mir von der ganzen Bande am sympathischsten. Deshalb war ich auch völlig überrascht, dass ausgerechnet er mich vor Mike warnte.

»Noch kannst du weg«, sagte er.

Ich lehnte mich an den Schrank, und er lehnte sich mir gegenüber an die Anrichte. »Wie meinst du das?«, fragte ich.

»Du hast etwas Besseres verdient«, sagte er mit gedämpfter Stimme. »Er ist verrückt, musst du wissen, und du kannst ihn nicht ändern. Er ändert sich deinetwegen nicht. Glaub mir, die Katze lässt das Mausen nicht. Er stammt aus einem völlig anderen Milieu als du. Du gehst daran zugrunde, wenn du bei ihm bleibst, wirklich. Er lässt dich nie wieder gehen, er ist total besessen von dir. Jetzt verspricht er dir noch eine schöne Welt, aber wenn du für ihn zur Zwangsvorstellung geworden bist und ihm irgendetwas nicht passt, macht er dich kaputt. Glaub mir, noch besteht die Möglichkeit, dass er dich vergisst. Wenn du weitermachst, hast du nicht den Hauch einer Chance, und dann brauchst du schon die Polizei als Freund, sonst hast du es hinter dir.«

Ich glaubte, nicht richtig zu hören. Mike war bestimmt kein Musterknabe, aber ich war sicher, dass er mir nichts antun würde. Der Junge zog ein Stück Papier aus der Hosentasche, schrieb etwas darauf und gab es mir. Erstaunt las ich, was er aufgeschrieben hatte. Es war eine Telefonnummer.

Ich konnte nur noch stammeln: »Danke, dass du dir solche Sorgen machst, aber …«

Weiter kam ich nicht. Mike betrat die Küche und wirkte ziemlich sauer, als er uns dort stehen sah. Sofort steckte ich das Papier in die Hosentasche.

Der Junge hatte Mikes Blick verstanden. Während er die Küche verließ, sagte er: »Falls du mal Hilfe brauchst, kannst du dich immer an mich wenden.« Mit diesen Worten ließ er uns zurück.

Mike schaute mich durchdringend an und fragte: »Was wollte er?«

In dem Versuch, meine Verwirrung vor Mike zu verbergen, drehte ich mich um und zuckte mit den Achseln. »Nichts. Er hat mir seine Hilfe angeboten, falls es mal Probleme im Internat gibt«, log ich.

»Aber ich bin doch für dich da«, sagte er. »Der Knabe ist in dich verliebt. Darauf lässt du dich doch wohl nicht ein, oder?«

Ich wollte mit dem Kaffee ins Wohnzimmer gehen, aber Mike hielt mich zurück, indem er sich mitten in die Tür stellte. Er nahm mein Kinn, drückte es hoch, sodass ich ihm in die Augen schauen musste.

»Ich habe dich etwas gefragt!«, schnauzte er.

Ich erwiderte seinen starren Blick. »Ich habe es gehört. Lass mich durch!« Ich stieß ihn weg. Mike musste die Verachtung in meiner Stimme bemerkt haben, denn er erschrak und machte einen Schritt zur Seite. Als ich an ihm vorbeiging, hielt er mich am Arm fest.

»Entschuldigung!«, sagte er. »Ich habe es nicht so gemeint.«

Ich riss mich los und ging ins Wohnzimmer. Als ich die Tassen auf den Tisch stellte, merkte ich, dass ich sie heftiger absetzte, als ich es beabsichtigt hatte. Anscheinend war es allen aufgefallen, denn plötzlich wurde es still im Raum. Ich spürte, dass mich der Junge anschaute, doch ich wagte seinen Blick nicht zu erwidern.

Als der Kaffee ausgetrunken war, brachte ich die Tassen in die Küche. Die anderen waren schon alle bei den Fahrrädern. Schnell lief ich in den Keller. Unten an der Treppe versteckte ich den Zettel mit der Telefonnummer. Mike durfte nie etwas davon erfahren.

Wir fuhren in die Stadt. Mike saß hinten auf meinem Gepäckträger und hielt sich an mir fest. »Ich beschütze dich«, sagte er, während er den anderen Verkehrsteilnehmern um uns herum mit Gesten deutlich machte, dass mit ihm nicht zu spaßen war. »Das ist mein tolles Mädchen!«, schrie er jedem zu, und auch diesmal fühlte ich mich geschmeichelt. Was vorher geschehen war, war vergessen.

Nach einer halben Stunde waren wir in der Stadt. Wir stellten unsere Räder in einer kleinen Gasse ab, und während ich noch an meinem Schloss herumhantierte, fragte einer der Jungen: »Wer geht mit auf den Marktplatz? Wir werden ihnen zeigen, dass es uns noch gibt!« Sie liefen bereits in Richtung Markt, als sie bemerkten, dass Mike noch bei mir stand. Einer der Jungen rief: »He, Mike, kommst du nicht mit?«

»Nein«, antwortete Mike. »Ich bleibe bei Merel, heute halte ich mich zurück.«

»Bist du sicher?«, fragte der Junge.

Ich beobachtete Mike, um zu sehen, wie er reagierte. Ihm war anzumerken, dass er mitwollte.

»Ja, ich bin sicher!«, rief Mike. Er drehte sich um und legte mir einen Arm um die Schulter. Zusammen gingen wir zu einem Café in einer Gasse direkt hinter dem Platz, wo sich das Fest abspielte. Auf der Terrasse fand ich einen Tisch mitten in der Sonne. Mike ging ins Café, um etwas zu trinken zu holen. Ich schloss kurz die Augen, um das Gefühl der warmen Sonne auf meiner Haut zu genießen.

»He, süße Maus!«, hörte ich Mike rufen. Ich öffnete die Augen und sah, dass Mike nicht mich meinte. Mit unseren Getränken in der Hand ging er zu einem Mädchen, die auf einem Rennrad saß und mit einem Fuß auf dem Bürgersteig das Gleichgewicht hielt. Sie wechselten ein paar Worte miteinander, dann stieg das Mädchen vom Rad, stellte es achtlos an eine Wand. Zusammen kamen sie zu mir.

»Das ist Kelly«, stellte Mike sie vor.

»Hallo, setz dich zu uns«, sagte ich.

Kelly setzte sich. In diesem Moment kam einer der Jungen durch die Gasse gerannt und brüllte: »Mike, Mike, komm schnell! Wir brauchen deine Hilfe! Eine Schlägerei! Du musst sofort kommen!«

Mike schoss hoch. Stühle fielen um, und die Getränke tanzten auf dem Tisch. Wie der geölte Blitz war Mike verschwunden. So ist er, dachte ich. Das ist Mikes Leben. Ich musste sofort daran denken, was mir der Junge vorhin gesagt hatte.

»Woher kennst du Mike?«, unterbrach Kelly meine Gedanken.

»Oh«, sagte ich, »ich habe ihn über eine Schulfreundin kennengelernt.«

»Aber du bist doch seine Freundin?«

»Ach«, sagte ich so ruhig wie möglich, »ich weiß nicht. Woher kennst du ihn denn?«

»Eigentlich kenne ich ihn nicht so gut. Ich kenne seinen Bruder, der arbeitet im Jugendzentrum bei uns in der Gegend. Mikes Bruder hat keinen Kontakt mehr mit ihm. Er warnt ständig jeden, er solle Mike aus dem Weg gehen.«

»He, das ist ja lustig. Heute wurde ich von einem seiner Freunde gewarnt, ich sollte aufpassen, und jetzt erzählst du mir das auch. Ich weiß nicht so recht, was ich davon halten soll.«

»Ich auch nicht«, sagte Kelly. »Ich finde ihn eigentlich ganz nett.«

»Ich auch!« Wir mussten beide lachen. Wir griffen nach

den Getränken und stießen auf Mike an. Für einen Moment war es still.

Plötzlich kam ein Mann auf uns zu. Überrascht schauten wir ihn an. Er stützte die Ellenbogen auf den Tisch und legte seinen Kopf in seine Hände. Kopfschüttelnd murmelte er: »Das gibt es gar nicht. So etwas habe ich noch nie erlebt.«

»Was hast du noch nie erlebt?«, fragte ich.

Er blickte hoch. Jetzt sah ich zu meiner Überraschung, dass es der Moderator der Fernsehsendung war, die heute auf dem Marktplatz aufgenommen werden sollte. Er schaute mich verzweifelt an. »Sie schmeißen mit Eiern auf die Künstler. Und auf dem ganzen Platz wütet eine riesige Keilerei. Überall Polizei. Das reinste Chaos! Wir wollten Fernsehaufnahmen machen, aber das können wir uns abschminken. Hierher komme ich nie wieder, es ist einfach zu unheimlich.«

Ich schaute zu Kelly hinüber und wusste, dass sie dasselbe dachte wie ich: Mike war da zugange. Wir schwiegen beide.

»Hier, trink ein Bier«, sagte Kelly und reichte ihm ein Glas, aber er stand auf und ging zu einem anderen Mann, der gerade aus einer der Gassen kam, die zum Markt führten. Kelly und ich schauten ihnen nach, als sie in der Menge verschwanden.

»Sollen wir nach Hause gehen?«, fragte Kelly.

»Ja, das ist eine gute Idee. Hier haben wir nichts mehr verloren«, antwortete ich. »Sollen wir zu dir nach Hause gehen oder zu Mike?«

»Ich muss mich zu Hause erst noch umziehen, aber ich wohne nicht weit von hier. Danach können wir es uns in

Mikes Wohnung gemütlich machen. Der kommt vorerst doch nicht nach Hause«, sagte Kelly.

»Stimmt, da hast du Recht«, sagte ich lachend. Wir standen auf, schnappten unsere Fahrräder und fuhren zu Kelly.

Seit diesem Fest hingen Kelly und ich, wenn ich mein freies Wochenende hatte, ständig zusammen rum. Wir waren aus dem gleichen Holz geschnitzt, nur dass sie zu Hause wohnte und ich im Internat war. Jedes freie Wochenende verlief gleich. Ich teilte meine Zeit zwischen meiner Mutter, Mike und Kelly auf.

Im Internat verstrichen ein paar Wochen, ohne dass irgendetwas Besonderes geschah. Ich ging gern zur Schule. In meiner Gruppe fühlte ich mich ausgesprochen wohl. Mit den Jungen kam ich richtig gut klar. Sie fanden Mike interessant, und wenn um sechs Uhr das Telefon klingelte, brüllten sie im Chor: »Mike!«

Als im Internat ein Tag der offenen Tür veranstaltet wurde, durfte Mike sogar über Nacht bleiben, was wir Liza zu verdanken hatten, einer Gruppenleiterin, die mich gern mochte und ein gutes Wort für uns eingelegt hatte. Die Bedingung war allerdings, dass er in einem anderen Zimmer schlief. Für mich war das kein Problem. Schließlich war er mein erster Freund, und ich hatte noch nie mit einem Jungen geschlafen. Mike hatte schon oft genug ausprobiert, wie weit er gehen konnte, aber ich fand, dass es beim Küssen bleiben sollte. Zu mehr war ich nicht bereit, ich hatte furchtbare Angst.

Natürlich versuchte Mike abends in mein Zimmer zu schleichen, aber das Pech wollte es, dass Piet Dienst hatte. Klar, dass Mike das nicht passte, aber es gab nun einmal eine Vereinbarung, und an die musste er sich halten. Bevor Piet schlafen ging, kam er noch bei mir vorbei und fragte, ob alles in Ordnung sei und ob ich vorhätte, heimlich zu Mike zu gehen. Ich war ein bisschen erstaunt über seine Besorgnis und versicherte ihm, dass ich das nicht vorhätte. Damit gab er sich zufrieden.

Am nächsten Tag ging es richtig gemütlich zu. Mike und ich waren die ganze Zeit zusammen. Ich merkte, dass Mike gern mit mir alleine sein wollte, aber Saskia hing uns auf der Pelle. Vergeblich versuchte sie, Eindruck auf Mike zu machen.

Ich hatte Liza versprochen, ihr zu helfen, hatte es aber total vergessen. Als Mike abends wieder nach Hause abgereist war, bekam ich natürlich ordentlich was zu hören. Liza suchte mich in meinem Zimmer auf und las mir die Leviten. »Du hast mich den ganzen Tag über alles alleine machen lassen. Ich habe mich an unsere Vereinbarung gehalten und dafür gesorgt, dass Mike hier schlafen durfte. Das habe ich für dich getan, und dafür solltest du mir helfen.« Sie hatte Recht, das war nicht fair. Ich fühlte mich furchtbar schuldig.

Trotzdem hatte ich einen schönen Tag gehabt. Ich hatte aber auch deutlich gespürt, dass Mike älter war als ich. Eigentlich drehte sich bei ihm alles nur um eine Sache: Er wollte mit mir schlafen. Mir hingegen ging es einfach darum, Spaß zu haben. Ach, meine Zeit kommt schon noch, dachte ich.

Es wurde Sommer. Alle fuhren in die Ferien. Im Internat gab es nur noch eine Gruppe für diejenigen, die während der Ferien nicht nach Hause konnten.

Ich selbst hatte drei Wochen frei. Die erste Woche verbrachte ich auf einem Ponyhof, es war phantastisch. Pferde waren mein Hobby, und dort konnte ich mich den ganzen Tag mit Pferden beschäftigen. Auch vom Reiterhof aus telefonierte ich täglich um sechs Uhr abends mit Mike. Nach ein paar Tagen musste ich zugeben, dass ich ihn und Kelly zu vermissen begann. Sofort sagte er wieder, dass er mich holen wollte, doch mir tat es zu sehr um das Geld meiner Mutter leid. Als ich dann auch noch erzählte, dass ich mit einem der Gruppenleiter aneinandergeraten war, wurde er wütend. So wütend, dass er am nächsten Tag mit einem Freund in der Reithalle auftauchte.

»Ich mache den Kerl einen Kopf kürzer, der dir Ärger bereitet«, sagte er. Zum Glück wusste er nicht, um wen es sich handelte, und ich dachte nicht daran, es ihm zu sagen; ich schämte mich zu Tode. Nachdem er sich wieder etwas beruhigt hatte, fuhr er Gott sei Dank nach Hause. Bevor er sich aufmachte, küsste er mich und versicherte mir, ich könnte ihn jederzeit anrufen. Er würde sofort kommen. Das allerdings hatte ich inzwischen wirklich begriffen.

Nach diesem Ereignis verhielt sich plötzlich jeder lammfromm mir gegenüber. Insgeheim genoss ich das natürlich. Ich fühlte mich wahnsinnig cool!

Die zweite Woche verbrachte ich bei meiner Mutter. Das lief zwar in einigermaßen geordneten Bahnen, war aber doch ein bisschen langweilig. Kelly und ich hingen viel bei Mike rum. Ich sorgte dafür, dass ich pünktlich zu Hause zum Essen erschien. Inzwischen wusste ich, wie ich den häuslichen Frieden wahren konnte.

Glücklicherweise durfte ich die letzte Woche meiner Ferien bei Paula verbringen. Meine Mutter wollte in dieser Woche auf den Campingplatz, und dazu hatte ich absolut keine Lust. Nein, dann lieber eine Woche bei Paula. Hoch lebe die Freiheit!

Jeden Morgen so gegen zehn radelte ich zu Kelly, um anschließend zusammen mit ihr zu Mike zu fahren. Kelly hatte seit einiger Zeit ein Auge auf Erik geworfen, einen Freund von Mike. Ich konnte nichts an dem Kerl finden. Er war arrogant und hässlich. Aber gut, Kelly war total hin und weg von ihm, also hielt ich meinen Mund.

Auch an diesem Morgen hatten wir uns wieder verabredet. Ich wartete zu Hause bei Kelly auf dem Sofa, bis sie nach unten kam. »Wie findest du meine Frisur?«, war das Erste, was sie fragte, als sie ins Wohnzimmer kam.

Ich schaute hoch und bemerkte nichts Besonderes. »Genau wie sonst.«

»Meinst du, dass Erik mich so hübsch findet?«

»Ich denke schon«, sagte ich, stand auf und ging zur Tür. Kelly zog ihre Jacke an, und wir fuhren los.

Als wir in Mikes Straße einbogen, blickte sich Kelly um.

»Was suchst du?«, fragte ich.

»Ach, nichts. Ich wollte nur sehen, ob hier irgendwo Eriks Auto steht.«

Ich musste lachen. »Nee, der liegt noch in seinem Bett«, sagte ich, während ich um das Haus lief. Als ich die Schiebetür öffnete, sah ich einen Mann und eine Frau auf dem Sofa sitzen.

»Das ist Barbara, Mikes Exfrau«, meinte Kelly, die inzwischen hinter mir stand.

»Und der Mann?«, fragte ich.

»Ihr Zuhälter, schätze ich«, sagte Kelly.

Überrascht schaute ich mich zu Kelly um. »Ihr Zuhälter?« Ich glaubte nicht richtig gehört zu haben. Mikes Exfrau war eine Nutte! Deshalb also hatte Anne damals nicht gewollt, dass ich mich nach seiner Exfrau erkundigte. Das war natürlich eine peinliche Angelegenheit. Armer Mike!

Während wir da so rumstanden und hineinspähten, kam Mike aus der Küche und sah uns draußen stehen. Er kam zu uns und öffnete die Schiebetür. »Dachtet ihr, die Tür wäre abgeschlossen?«, fragte er.

»Nein, Merel ist einfach zu schwach, sie aufzukriegen, das weißt du doch«, sagte Kelly.

Ein Glück, dachte ich. Da hat sie mir schön aus der Patsche geholfen.

Wir betraten das Zimmer und nickten dem Pärchen auf dem Sofa unbeholfen zu.

»Dies sind Barbara und Ron«, sagte Mike. Ich ging zu ihnen, um ihnen die Hand zu geben. Barbara stand auf. Ich sah, dass sie nicht so viel älter war als ich. Vielleicht fünf Jahre, mehr nicht. Sie hatte halblanges, lockiges dunkles Haar und trug große goldene Ohrringe. Ihre schlanken Beine waren in enge Jeans gepresst, an den Füßen hatte sie Pumps mit hohen Absätzen. Sie reichte mir die Hand und stellte sich vor.

Dann gab ich Ron die Hand, wobei ich ihn mir heimlich genauer anschaute. Er war nicht sonderlich groß. Er hatte Locken und trug jede Menge Goldschmuck.

»Möchtet ihr auch Kaffee?«, fragte Mike, während wir uns auf das andere Sofa setzten.

»Ja, gern!«, antwortete Kelly für uns beide. Mike ging in die Küche, und es wurde still im Zimmer.

Barbara brach den Bann und fragte: »Bist du Mikes neue Freundin?«

»Eh, ja«, stammelte ich. »Vielleicht nicht so, wie du meinst, aber ...«

Mike unterbrach mich. Aus der Küche rief er: »Klar ist sie mein Mädchen! In Merels Augen ist es platonisch, aber das wird sich schon noch ändern, wenn sie so weit ist.«

Ich wusste nicht, wohin ich schauen sollte, und mein Gesicht wurde puterrot. Kelly, Barbara und Ron brachen in Lachen aus. Obwohl ich fürchterlich verlegen war, musste ich auch darüber lachen, denn eigentlich hatte Mike Recht. Auch wenn wir keine sexuelle Beziehung hatten, fand ich den Gedanken daran heimlich sehr spannend, gleichzeitig hatte ich aber auch eine Heidenangst. Ständig ließ ich mir irgendwelche Ausreden einfallen, die er bis jetzt auch schluckte. Aber wie lange noch?

Das Eis war schlagartig gebrochen, und es wurde ein lustiger Nachmittag. Barbara redete viel über die Kinder, die bei ihr lebten, seit Karin verschwunden war. Ron gab mit seinem roten Sportwagen an, einem Jaguar mit weißen Ledersitzen. Ich wusste zwar nicht, was ein Jaguar ist, aber dass er Eindruck schinden wollte, war mir sofort klar.

Als wir später draußen bei unseren Fahrrädern standen, sagte Kelly plötzlich, dass Ron vielleicht versuchen würde, uns auf den Strich zu schicken. Ich schaute sie erschreckt an.

»Du machst Scherze«, sagte ich.

»Ich traue ihm nicht, und ich meine es ernst«, sagte sie.

»Ach, du spinnst ja«, erwiderte ich. »Glaubst du etwa wirklich, Mike würde sich das gefallen lassen?« Dann wandte sie sich an mich. »Was hältst du übrigens davon, wenn ich heute Nacht auch bei Paula schlafe? Dann bist du nicht so alleine, wenn du auf die Kinder aufpassen musst.«

»Ja, das ist eine tolle Idee. Sobald wir da sind, rufen wir deine Mutter an.«

Zusammen fuhren wir zu Paula.

Als wir im Bett lagen, sagte Kelly, wie schade sie es gefunden hätte, dass Erik heute nicht bei Mike vorbeigekommen sei.

»Kelly, stell dir vor, es gibt auch noch Menschen, die tagsüber arbeiten müssen«, versuchte ich sie zu beruhigen.

»Tja«, sagte sie, »vielleicht ist er ja der einzig Normale unter all den Typen.«

»He, überleg dir, was du sagst!«, schimpfte ich.

»Du wirst dich immer mehr verlieben, nimm dich in Acht«, schoss sie zurück.

Ich antwortete nicht, aber in meinem Herzen wusste ich, dass sie Recht hatte. Ich hatte mich in der Tat unheimlich in Mike verliebt. Er vermittelte mir so ein Selbstbewusstsein und kümmerte sich unwahrscheinlich um mich.

Alles andere war mir egal, Hauptsache, es lief für mich nach Wunsch.

»Was machen wir morgen?«, fragte Kelly.

Einen Moment war es still. Dann prusteten wir beide los. »Zu Mike!«, brüllten wir im Chor, dann drehten wir uns um und schliefen ein.

Kelly!«

Einen Moment war es still. Dann meldete sich die Stimme wieder: »Kelly!«

»He, Kelly!«, sagte ich mit missmutiger Miene und schubste sie an. »Aufwachen! Paula ruft dich.«

Sie warf einen Blick auf den Wecker. »Mann, es ist erst neun Uhr! Ich habe noch lange nicht ausgeschlafen.«

Jetzt wurde an die Tür geklopft.

»Ja, komm rein«, sagten wir beide.

Paula öffnete die Tür einen Spalt. »Kelly, deine Mutter ist am Telefon.«

»So früh schon. Will sie dich etwa kontrollieren?«, fragte ich Kelly und vergrub meinen Kopf wieder in den Kissen.

Kelly stieg aus dem Bett. »Wahrscheinlich. Sie glaubt natürlich nicht, dass wir hier sind.«

»Warum das denn nicht?«

»Ach, sie hat was dagegen, dass ich mit dir und Mike unterwegs bin.«

Ich fragte nicht weiter nach. Stattdessen zog ich mir das Kissen noch weiter über den Kopf und murmelte, sie solle schnell ans Telefon gehen, sonst stünde ihre Mutter bald vor der Tür.

»Das ist nicht möglich«, sagte Kelly fröhlich. »Sie weiß nämlich nicht, wo Paula wohnt.« Sie lachte. »Das habe ich gut eingefädelt, was?«

»Ja, das kann man wohl sagen«, bestätigte ich.

Nachdem ich noch eine halbe Stunde gedöst hatte, ging ich auch nach unten. Da saßen Kelly, Wim und Paula und tranken Kaffee. Ich holte mir auch einen Becher Kaffee aus der Küche und setzte mich neben Kelly aufs Sofa.

In diesem Moment klingelte das Telefon. Es war Mike.

»Hast du gut geschlafen?«, fragte ich.

»Nicht wirklich. Ich habe eine Frau an meiner Seite vermisst. Hast du mich auch vermisst?«

»Nein, überhaupt nicht«, sagte ich neckend. »Heute Nacht hat Kelly hier geschlafen, und wir waren viel zu sehr damit beschäftigt, über dich zu lästern.«

Mike musste lachen. Dann sagte er, er habe vor, mit ein paar Freunden an den Strand zu fahren. »Kommt ihr mit?«

»Oh ja, prima!«, antwortete ich. »Ich frage mal eben, ob Kelly schon etwas vorhat.« Ich bedeckte den Hörer mit der Hand. »Mike möchte wissen, ob wir mit an den Strand wollen«, flüsterte ich.

»An den Strand?«, fragte Kelly überrascht. »Bei dem Wetter?«

»Ja. Hast du nun Lust, oder nicht?«, sagte ich etwas ungehalten.

»Wenn Erik mitgeht, komme ich auch.«

Ich nahm die Hand von der Sprechmuschel und fragte Mike seufzend: »Kommt Erik auch mit?«

»Nein, der muss arbeiten. Aber Paul und Linda sind mit von der Partie.«

Die beiden gehörten zu Mikes Freundeskreis. Ich berichtete Kelly, was Mike gesagt hatte.

»Na gut, ich komme mit«, sagte sie.

»Wann sollen wir bei dir sein?«, fragte ich Mike.

»Ach, ich denke mal so um vier. Wir essen dann am Strand und danach sehen wir ja, wie spät es wird. Schläfst du heute Nacht hier?«

»Ich werde mal mit Paula darüber reden.«

»Gut, dann bis heute Nachmittag.« Wir legten auf.

Ich setzte mich zu den anderen ins Wohnzimmer und erzählte, was Mike gerade gesagt hatte. Paula hatte nichts dagegen, dass ich bei Mike schlief. Kelly würde ihrer Mutter wieder erzählen, wir müssten zusammen auf die Kinder aufpassen, und Paula würde das Spiel mitspielen, falls es Fragen geben sollte.

An diesem Tag waren wir schon etwas früher zu Mike gefahren und spielten gerade zu dritt Karten, als das Telefon klingelte. Mike ging an den Apparat. »Hallo?«

Ich beobachtete ihn, wie er ausgestreckt auf dem Sofa lag, die eine Hand unter dem Kopf, in der anderen den Telefonhörer. Im Mundwinkel baumelte eine Zigarette. Sein Körper zeichnete sich gut ab, wie er da so lag. Interessiert betrachtete ich die Tätowierungen, und mir wurde klar, dass ich nicht einmal wusste, was da alles stand. Mike fing meinen Blick auf. Ich erschrak. Ich fühlte mich ertappt und schaute schnell weg. Mike begann zu lachen.

Nach einiger Zeit legte er auf und setzte sich hinter mich. Leise sagte er zu mir: »Du kannst sie dir ruhig ansehen.«

»Was?«, stammelte ich, ohne aufzublicken.

»Na ja, du hast dir doch meine Tätowierungen angeguckt, oder?«

Jetzt schaute ich ihm direkt in die Augen. »Ja, zeig mir die Bilder. Ich bin schon ganz schön neugierig.«

Ich stand auf und setzte mich aufs Sofa. Mike zog das T-Shirt aus und streckte sich auf dem Sofa aus, den Kopf legte er in meinen Schoß.

»Ach ja, das war eben Erik am Telefon«, sagte er zu Kelly. »Er fragte, ob du hier bist und ihn abholen könntest.«

Das ließ Kelly sich nicht zweimal sagen. Sofort zog sie ihre Jacke an und verschwand.

»Wie kann das denn sein?«, fragte ich erstaunt. »Erik muss doch arbeiten.«

»Ja«, sagte Mike mit verschmitztem Blick, »das stimmt. Am Telefon war ja auch Paul, der mir sagen wollte, dass er nicht mitkommt. Aber bis Kelly wieder zurück ist, habe ich eine richtig schöne Zeit mit dir alleine verbracht. Dafür wird sie schon Verständnis haben, wenn sie zurückkommt, du wirst sehen.«

»Junge, was bist du gemein«, sagte ich. Eigentlich war mir zum Lachen zumute, denn wenn Kelly ein wenig ihren Verstand gebraucht hätte, wäre sie nicht so Hals über Kopf aus dem Haus gestürmt. Ich schaute auf Mike hinab. Er lag auf dem Rücken, mit geschlossenen Augen und den Armen auf dem Bauch. »So, jetzt erzähl mir mal die Geschichte deiner Bilder«, sagte ich neckisch.

»Guck sie dir an und befühl sie«, sagte er. »Wenn du Fragen hast, sag es mir.«

Ich begann mit den Armen, auf denen Kindergesichter mit den Namen seiner Kinder zu sehen waren, außerdem ein mit Blumen geschmücktes Herz. Ich schaute mir die Blumen genau an. Meiner Meinung nach hatte dort früher ein Name gestanden. Wenn man ganz genau hinschaute, konnte man »Barbara« entziffern. Auf der Brust hatte er noch mehrere solcher Blumen und jede Menge Zeichen, die mir nichts sagten.

»Dort, wo die Blumen sind, stand früher der Name von Barbara, aber Karin hatte etwas dagegen, deshalb habe ich Blumen daraus machen lassen. Danach habe ich mir ihren Namen tätowieren lassen«, sagte Mike immer noch mit geschlossenen Augen. »Letzte Woche war ich wieder da und habe mir ihren Namen auch in Blumen umändern lassen. Und schau mal, was ich noch gemacht habe!«

Mike richtete sich auf und drehte mir den Rücken zu. Auf seiner Schulter prangte eine nackte Frau mit sehr großen Brüsten. Darunter stand mein Name!

Vor Verwirrung wusste ich nicht, was ich sagen sollte. »Weshalb hast du das gemacht?«, fragte ich schließlich leise.

Mike drehte sich um und küsste mich voll auf den Mund. Ich konnte nicht anders, als seinen Kuss zu erwidern. Ich spürte, wie es im Bauch zu kribbeln begann. Erschrocken zog ich meinen Kopf zurück, und wir schauten uns tief in die Augen. Eine Weile war es ganz still.

»Ich liebe dich«, sagte Mike mit rauchiger Stimme. »Deshalb habe ich dich auf meinen Rücken tätowieren lassen.«

»Aber ich habe doch gar nicht so große Brüste!«

»Wirklich? Da muss ich wohl mal nachschauen!« Mike griff nach meinem T-Shirt, und ich konnte mich nicht wehren. Mein Herz begann schneller zu schlagen. Ich war im Rausch. Der Atem stockte mir in der Kehle. Vorsichtig schob Mike mein T-Shirt hoch.

Plötzlich wurde die Schiebetür geöffnet. Kelly kam hereingestürmt. »Aha! Ihr solltet euch hier mal so liegen sehen!«, schimpfte sie. »Ihr hättet mir doch einfach sagen können, dass ihr allein sein wollt!« Sie warf sich aufs Sofa. Ich begann laut zu lachen, doch Kelly schaute mich böse an.

»Es war nicht meine Idee«, sagte ich.

»Ach«, meinte sie, und schien schon versöhnt, »eigentlich war das ein ziemlich guter Scherz.«

»Wenn du nur mal kurz nachgedacht hättest, wärst du wohl von selbst darauf gekommen«, sagte ich, und plötzlich konnten wir zu dritt darüber lachen.

Neben dem Haus hielt ein Auto. Mike stand auf, um zu schauen, wer es war. Kelly beugte sich zu mir herüber und flüsterte: »Habt ihr es getan?«

Zum Glück blieb mir keine Zeit für eine Antwort, denn Erik kam rein und Kelly bekam sofort einen roten Kopf. Erik setzte sich neben sie aufs Sofa. Sie rutschte unruhig von einer Seite zur anderen, es war mit Händen zu greifen, wie nervös sie war. Mir fiel auf, dass es mir vor zehn Minuten nicht anders ergangen war, also ging ich in die Küche, um Kelly und Erik allein zu lassen.

In der Küche setzte ich Kaffee auf. Ich hatte mich an die Anrichte gelehnt und wartete, dass der Kaffee fertig wurde, als Mike hereinkam. Er stellte sich neben mich und legte mir einen Arm um die Hüfte.

»Sind die beiden Turteltauben alleine?«, fragte er.

Ich nickte.

»Er empfindet nichts für sie«, sagte er.

»Woher weißt du das?«

»Sie ist ein kleines Abenteuer für ihn. Ich weiß genau, dass er sie nur ins Bett kriegen will. Er hat gerade eine siebenjährige Beziehung hinter sich, und jetzt geht es ihm um ein bisschen Spaß. Ich sag dir, wenn er sie rumgekriegt hat oder wenn seine Ex ihn zurückhaben will, dann lässt er sie wie eine heiße Kartoffel fallen.«

»Das ist doch nicht wahr!«, sagte ich entrüstet. »Das ist abscheulich. Dann muss ich sie warnen, das ist wahnsinnig traurig. Sie ist total verliebt in ihn, und er nutzt das einfach aus.«

Mike bemerkte den Ärger in meiner Stimme. »He, vergiss es, das können sie selbst miteinander ausmachen. Wir haben was Besseres zu tun. Also, wo waren wir stehen geblieben?«

Mike versuchte, mich wieder zu küssen.

Ich schob ihn weg und sagte: »Entschuldige, aber der Zauber ist verflogen.«

Mike gab nicht auf. Er zog mich an sich. Ich spürte seinen muskulösen Körper an meinem. Ich konnte meine Augen nicht von ihm abwenden.

Ganz leise sagte er: »Der Zauber ist wieder da. Ich sehe ihn in deinen Augen.«

Vorsichtig näherte er seinen Mund meinen Lippen, und ehe ich es richtig bemerkte, küssten wir uns leidenschaftlich.

Im Hintergrund hörte ich das Telefon klingeln. Ich zog meinen Kopf zurück. Mike sagte sofort: »Die beiden da drin können das Gespräch ruhig annehmen. Dafür brauchen sie uns nicht. Wir sind gerade mit anderen Dingen beschäftigt.«

In diesem Moment kam Kelly in die Küche. Sie machte einen etwas säuerlichen Eindruck.

»Was ist?«, fragte ich.

»Paula war am Apparat«, sagte sie. »Meine Mutter wollte mich sprechen, und da ich hier bin, konnte ich nicht ans Telefon kommen.«

»Und jetzt?«

»Wim kommt uns holen. Paula hat meiner Mutter gesagt, dass wir mit dem Hund unterwegs sind. Jetzt ruft meine Mutter in einer halben Stunde wieder an, dann muss ich da sein, um das Gespräch anzunehmen.«

»Hättest du deine Mutter nicht einfach zurückrufen können? Das hättest du auch von hier erledigen können«, sagte ich jetzt auch etwas angefressen.

»Nein, darauf fällt sie nicht herein. Dann weiß sie sofort, dass ich nicht bei Paula bin.«

Fünf Minuten später stand Wim vor der Tür. Kelly begann zu jubeln. »Er ist mit einem Mercedes gekommen!« Ich lief zum Fenster und sah Wim, der draußen neben dem Bürgersteig geparkt hatte und in seinem Auto wartete. Tatsächlich, es war ein Sportwagen von Mercedes.

Mike war schon nach draußen gegangen, um Wim zu begrüßen. Ich sah ihn um das Auto herumlaufen und es von allen Seiten begutachten. Ich lief ebenfalls auf die Straße und gab Mike einen Kuss. »Bis gleich!«, sagte ich und stieg zu Wim in den Wagen.

»Wo ist Kelly?«, fragte Wim.

»Oh«, sagte Mike, »die hängt noch drinnen bei Erik rum.«

Wim hupte ein paar Mal. Kelly kam zusammen mit Erik raus. Sie war rot angelaufen, und Erik bewegte sich ein bisschen zu nonchalant mit den Händen in den Hosentaschen. Bah, was für ein Mistkerl!

Kelly setzte sich hinten ins Auto, und Wim ließ das Verdeck nach unten gleiten, sodass uns die Sonne ins Gesicht schien. Als Wim losfuhr, hupte er noch einmal für Mike und Erik, die uns nachschauten wie bestellt und nicht abgeholt. Wir winkten ihnen fröhlich zu.

Die Haare wehten uns wild um den Kopf. Es war toll, in so einem Auto fahren zu dürfen und zu sehen, wie die Leute uns hinterherguckten. Kelly und ich waren völlig aus dem Häuschen. Wim hatte seine helle Freude daran, aber natürlich war er es gewohnt, Aufsehen zu erregen.

Eine Viertelstunde später waren wir da. Kaum hatten wir ausgelassen und aufgeregt schwatzend das Haus betreten, klingelte auch schon das Telefon. Kelly stürzte darauf zu und versuchte, das Gespräch mit so ruhiger Stimme wie möglich anzunehmen. Ich ging gleich weiter ins Wohnzimmer und setzte mich neben Paula aufs Sofa.

Als Kelly kurze Zeit später ins Zimmer kam, sagte sie: »Ich glaube nicht, dass sie darauf hereinfällt.«

»Weshalb nicht?«, fragte ich.

»Heute Abend ruft sie wieder an.«

»Oh! Hat sie gesagt, wann?«

»Nein, sie muss erst zu einer Feier von ihrer Schwester, und danach will sie anrufen.«

»Na, dann sorgen wir einfach dafür, dass ihr um zehn Uhr wieder zurück seid. Ist das ein guter Vorschlag?«, fragte Paula.

Natürlich fanden wir den Vorschlag gut! Wim brachte uns wieder zu Mike, wo wir die ganze Geschichte erzählten.

»Sollen wir uns einen Film reinziehen?«, schlug Erik vor. Da alle den Vorschlag gut fanden, holte Erik einen Film in einem Verleih, den wir uns zu viert anschauten. Gegen halb zehn holte Wim uns wieder ab. Eine knappe Stunde später lagen wir schon im Bett, redeten darüber, dass Kellys Mutter ihr nicht vertraute, und gingen noch mal den ganzen Abend durch.

Alles in allem waren es drei phantastische Ferienwochen gewesen! Wir hatten viel zu viert unternommen. Leider war die Zeit fast um. In der letzten Woche hatte ich mich noch mehr in Mike verliebt, und auch Kelly und Erik waren sich nähergekommen. Mike hatte schon mehrere Male deutlich gemacht, dass ich bei ihm bleiben könnte, aber ich wusste ganz genau, dass das nicht das Richtige war. Es war besser, wieder etwas Abstand zu ihm zu gewinnen.

»Wenn ich so verrückt nach Merel wäre wie Mike, dann würde ich sie auf einem Stuhl festbinden. Dann würde ich sie nie mehr weggehen lassen«, hatte Erik einmal zu Kelly gesagt.

Nun ja, ich wollte selbst wieder ins Internat zurück. Dort war es überhaupt nicht so langweilig, wie es sich die meisten Leute vorstellten. Ich fühlte mich dort richtig wohl, und ich wollte wirklich dorthin zurück, doch das bedeutete nicht, dass ich Mike und Kelly nicht vermissen würde. Erik mochte ich immer noch nicht so recht, aber selbst an ihn begann ich mich zu gewöhnen. Er hatte angeboten, mich mit seinem Auto ins Internat zu bringen, was natürlich eine nette Geste war. So konnten wir auch die letzten Stunden noch zu viert verbringen.

Als ich mich im Internat von Mike verabschiedete, fragte er mit zittriger Stimme: »Bist du ganz sicher?«

»Ja«, sagte ich, ohne einen Moment zu zweifeln. »Ganz sicher!«

Mit diesen Worten nahmen wir Abschied voneinander. Ich schaute ihnen nach, als sie das Gelände verließen und hinter den Bäumen verschwanden. »Bis zum nächsten freien Wochenende!«, murmelte ich. Mit einem Gefühl der Leere ging ich ins Haus, zu meiner Gruppe.

Ich musste mich erst gewaltig daran gewöhnen, wieder im Internat zu sein, denn ich vermisste Kelly und Mike. Es ging mir nicht mal um die Freiheit, sondern um die beiden und die schönen Dinge, die wir gemeinsam unternommen hatten. Wir hatten während der Ferien einfach sehr viel Zeit miteinander verbracht, und darauf zu verzichten fiel mir nicht leicht.

Jeden Nachmittag wartete ich voller Ungeduld darauf, dass es sechs Uhr wurde. Die Minuten krochen dahin, bis endlich nach dem Essen das Telefon klingelte. Mike hatte sich speziell für mich einen Telefonanschluss legen lassen. Ich sagte ihm, dass ich Sehnsucht nach ihm und Kelly hatte, und ich war eifersüchtig, als Mike mir sagte, Kelly käme jeden Tag bei ihm vorbei.

»Soll ich dich holen kommen?«, fragte er.

»Nein, das ist nicht nötig. Ich muss mich einfach nur daran gewöhnen. Hier sind ja auch immer noch Ferien. Es sind längst noch nicht alle zurück.«

»Dann können wir dich doch abholen. Wir bringen dich auch wieder zurück, wenn die Ferien zu Ende sind. Du kannst solange bei mir wohnen«, sagte er fröhlich.

»Hmm, ich kann Piet ja mal fragen, ob das geht. Die Idee gefällt mir.«

»Fändest du es denn schön, noch etwas hier sein zu können?«

»Na ja, eine Woche länger kann nicht schaden. Danach sind dann alle wieder da, und es fällt mir leichter, mich abzulenken«, antwortete ich. »Warte eben, ich rufe gleich zurück. Ich bespreche das mit Piet.«

Ich legte auf und machte mich sofort auf die Suche nach Piet. Nachdem ich ihn im Wohnzimmer gefunden hatte, fragte ich ihn, ob er mal mit in das Zimmer des Gruppenleiters kommen könnte. Dort lehnte er sich an die Schreibtischkante, während ich mich auf einen Stuhl setzte.

»So, dann erzähl mir mal, was Sache ist«, sagte er.

Ich blickte auf meine Hände, die ich in den Schoß gelegt hatte. »Mike hat angerufen. Er wollte wissen, ob ich noch eine Woche bei ihm verbringen kann.«

Einen Moment war es still. Ich wagte nicht, den Blick zu heben.

»Willst du denn gern weg?«, fragte Piet sanft.

»Nein, das ist es nicht. Aber ich vermisse Mike und Kelly einfach. Deshalb habe ich mir gedacht, wenn ich noch eine Woche dranhänge, bin ich wieder da, wenn schon alle wieder hier sind. Dann habe ich wieder mehr Kontakt, und dann vermisse ich sie nicht mehr so.«

»Meinst du? Wer sagt denn, dass eine zusätzliche Woche reicht? Wer sagt mir, dass du nach einer Woche wieder zurückkommst?«

»Natürlich komme ich zurück«, sagte ich ein bisschen beleidigt. »Glaubst du mir nicht?«

»Doch«, sagte Piet. »Aber ich fürchte, dass du damit das Problem nicht löst. Egal, ob du ein oder zwei Wochen gehst, du wirst ihn noch genauso stark vermissen, wenn du zurückkommst. Vielleicht sogar noch viel mehr.«

»Und wenn ich es trotzdem tue? Was dann?«, fragte ich. Ich versuchte, genauso ruhig zu bleiben wie Piet, doch in meiner Stimme war der Ärger zu hören.

»Das ist ganz einfach. Ich kann dich nicht daran hindern, schließlich bist du freiwillig hier. Aber wenn du gehst, brauchst du nicht mehr zurückzukommen.«

Der Ton, in dem er das sagte, ließ keinen Zweifel. Er meinte es ernst. Irgendwo wusste ich, dass die eine Woche länger keine Lösung sein würde, aber der Gedanke erschien mir einfach traumhaft. Nur eine Woche. Ich wollte ja nicht ewig bei Mike bleiben.

Piet wurde weggerufen, und ich blieb alleine im Zimmer zurück. Lange starrte ich auf die Wand. Dann beschloss ich, Mike sofort anzurufen, auch wenn ich nicht wusste, wie ich es ihm erklären sollte, aber ich hatte eingesehen, dass es besser war, im Internat zu bleiben.

»Hallo!«, meldete sich Mike.

»Hallo, ich bin's«, sagte ich.

»Soll ich dich holen kommen?«

»Lieber nicht. Ich darf nicht mehr zurückkommen, wenn ich gehe.«

»Lässt er dich nicht gehen?«, fragte Mike böse.

»Ja«, sagte ich etwas zu schnell, »aber ...«

Ich schwieg. Auch auf der anderen Seite blieb es still.

»Mike?«, fragte ich. »Mike?« Keine Antwort. Er hat einfach aufgelegt, dachte ich. Wie kann er das nur tun? Ach, vielleicht ruft er gleich wieder an, wenn er es verarbeitet hat, beruhigte ich mich schließlich selbst.

Ich ging in mein Zimmer und legte mich aufs Bett. Fünf Minuten später wurde an die Tür geklopft. »Ja, komm rein!«, rief ich.

Die Tür ging auf. Es war Piet.

»Und? Was machst du?«, fragte er, während er sich auf das Fußende des Bettes setzte.

»Ich habe Mike angerufen und ihm gesagt, dass ich nicht komme. Ich möchte wieder hierhin zurückkommen. Wenn meine Abreise solche Konsequenzen hat, dann lasse ich es lieber.«

Piet gab mir einen Klaps aufs Bein. »Guter Entschluss! Sicher kein leichter Entschluss, aber der beste.«

Er stand auf und verließ das Zimmer.

Ein paar Stunden später lag ich auf dem Bett und hörte Radio, als ich durch das Geräusch eines bremsenden Autos vor dem Haus aufgeschreckt wurde. Ich schoss hoch und stellte die Musik leiser. Ich hörte, dass die Haustür mit einem Ruck geöffnet wurde. Ich stand auf, um vorsichtig zu gucken, was los war. Mein Gefühl sagte mir, dass etwas nicht stimmte. Ich öffnete meine Tür einen kleinen Spalt weit und spähte hindurch.

Mein Gott! Was ich sah, ließ mir das Blut in die Wangen schießen. Mike und einer seiner Freunde standen im Gang, Piet ihnen gegenüber. Ich öffnete die Tür etwas weiter, um zu sehen, was genau sich abspielte. Die Freundin von Mikes Freund kam jetzt auch ins Haus. Anscheinend hatte sie mich bemerkt, denn sie lief direkt auf mich zu.

»Komm, pack deine Sachen!«, sagte sie. »Dann können wir abhauen.«

»Weshalb?«, fragte ich überrascht. Ich wollte nicht mitkommen.

Das plötzliche Gebrüll von Mikes Freund schreckte uns auf. Wir drehten uns um und sahen, wie er mit einem Staubsaugerrohr auf Piet losging. Er holte mit dem Rohr aus, weit hinter dem Rücken, um möglichst kräftig zuschlagen zu können.

Dazu kam es nicht. Piet verpasste dem Angreifer mit beiden Händen einen Schlag an den Kopf. Dieser ging in die Knie und fiel der Länge nach auf den Boden. Seine Freundin lief zu ihm, um nachzuschauen, was mit ihm war. Sie kniete sich neben ihn und schrie: »Komm, steh auf! Wir müssen weg! Das läuft hier völlig aus dem Ruder!«

Aus dem Augenwinkel bemerkte ich Mike. Ich drehte mich zu ihm um. Er stand mit dem Rücken zur Tür. Ich schaute etwas genauer hin, und mir verschlug es den Atem. Mike hatte eine Pistole auf Piet gerichtet.

Nie zuvor hatte ich eine echte Pistole gesehen, und jetzt richtete mein Freund so ein Ding auf den besten Gruppenleiter, den man sich wünschen konnte.

Mike musste den Schrecken in meinem Gesicht gesehen haben. Er schrie: »Pack deine Sachen! Schnell, bevor die Polizei hier vor der Tür steht!«

Hals über Kopf stürzte ich in mein Zimmer. So schnell wie möglich stopfte ich ein paar Sachen in eine Tasche. Ich hatte eine Heidenangst, dass Mike wirklich schießen würde. Die Tränen strömten mir über die Wangen. Das hatte ich nie gewollt! Ich schämte mich furchtbar.

Als ich in den Gang zurückkam, sah ich, dass Mikes Freund wieder auf den Beinen war. Mike packte mich am Arm und zog mich brutal nach draußen zum Auto.

Der Leiter einer anderen Gruppe kam angelaufen. »Die Polizei ist unterwegs!«, rief er Piet zu.

Mit großen Schritten ging Mike auf den Gruppenleiter zu. Er wedelte mit der Pistole und drohte: »Wenn mich die Polizei aufhält, stehen hier morgen vierzig Autos. Dann nehmen wir euch den ganzen Laden auseinander!«

Wir hörten, wie hinter uns ein Auto aufs Gelände fuhr, und alle Blicke wandten sich dem Wagen zu. Ein Einsatzwagen der Polizei! Mir drehte sich der Magen um. Mike stieg ins Auto und rief mir zu, ich solle einsteigen.

Ich lief zu Piet und umarmte ihn kurz.

»Ich werde bei der Polizei keinen Ärger machen«, flüsterte er mir ins Ohr. »Ich will es nicht noch schwerer für dich machen, als es schon ist.«

Mike kam aus dem Auto und zog mich von Piet weg. Im Auto begann ich zu schluchzen, denn das Einzige, woran ich denken konnte, war die Tatsache, dass ich das nicht gewollt hatte ...

Und dass ich selbst daran schuld war.

Mikes Freund fuhr, während Mike und ich zusammen auf dem Rücksitz saßen. Während der ganzen Fahrt hatte er seinen Arm um mich gelegt, doch wir sprachen nicht miteinander. Ich starrte nach draußen. Wie sollte das nur weitergehen?

Kurz bevor wir bei ihm zu Hause ankamen, sagte ich zu Mike: »Jetzt kann ich nicht mehr ins Internat zurück, weißt du das?«

»Wieso kannst nicht mehr zurück?«

»Nun, das habe ich dir doch am Telefon gesagt, aber du hast aufgelegt, bevor ich es dir erklären konnte.«

Mike schaute weiter nach draußen. Offensichtlich musste er darüber nachdenken. Dann sagte er: »Mir macht das nichts aus, dass du nicht mehr zurückkannst. Ich sorge für dich, das habe ich dir immer gesagt.«

»Das weiß ich, aber ich bin noch so jung. Ich will die Schule beenden können.«

»Mach dir mal keine Sorgen. Wir suchen eine Schule für dich, und dann beantragen wir einfach Sozialhilfe. Das wird schon alles.« Mit diesen Worten beruhigte er mich, denn es war auch ein wunderbares Gefühl, jetzt immer bei jemandem zu sein, der mich so außergewöhnlich fand und der alles für mich tun würde. Als wir bei Mike ankamen, sah ich, dass in seinem Haus Licht brannte. Ich schaute auf die Uhr, es war halb zehn. »Ist jemand bei dir zu Hause?«, fragte ich.

»Keine Ahnung«, sagte Mike und öffnete die Haustür. Im Wohnzimmer wartete Ron auf uns.

»Wo bist du gewesen?«, fragte er Mike.

Mike erzählte ihm die ganze Geschichte.

»Deshalb hast du unsere Verabredung vergessen«, sagte Ron.

Mike musste lachen und schaute zu mir herüber. »Für mein Mädchen gehe ich durchs Feuer.«

Meine Wangen begannen zu glühen, wieder war da dieses Gefühl, etwas Besonderes zu sein. Eigentlich war das alles ganz schön spannend. Ich hatte jetzt ein eigenes Zuhause, es gab keine Regeln, ich konnte also tun, wozu ich gerade Lust hatte.

Meine Gedanken wurden unterbrochen, als Mike mich auf die Wange küsste. »Du brauchst nicht auf mich zu warten, wenn du müde bist«, flüsterte er. »Ich muss mit den Jungs noch was erledigen.«

Die Freundin von Mikes Kumpel war schon nach Hause gegangen, und ich blickte Ron, Mike und seinem Freund erstaunt hinterher, als sie das Haus durch die Schiebetür verließen.

Jetzt saß ich hier ganz alleine. Hatte er mich dafür aus dem Internat geholt?

Je länger ich darüber nachdachte, desto weniger schlimm fand ich es, denn so konnte ich meine Gedanken in Ruhe ordnen. Schließlich war ich noch vor weniger als zwei Stunden davon überzeugt gewesen, dass ich wieder voll in das Internatsleben einsteigen würde. Jetzt war ich hier, bei meinem Freund, bei dem ich noch nie geschlafen hatte.

Ich beschloss, Piet anzurufen. Das Telefon klingelte ein paar Mal, bevor sich jemand meldete. »Hier ist Piet«, hörte ich die vertraute Stimme sagen.

»Ich bin's«, begrüßte ich ihn.

»He! Hallo, wie sieht's aus?«

»Ach, das war alles nicht so gemeint. Es ging alles so schnell!«

»Ja, ich weiß. Aber ich verstehe nicht, weshalb du erst sagst, du würdest bleiben, und dann kommen sie dich trotzdem holen.«

Ich erklärte Piet, dass ich ja auch hatte bleiben wollen, dass Mike während des Gesprächs aber einen falschen Schluss gezogen hatte. Er hatte gedacht, dass ich eigentlich zu ihm kommen wolle, es aber nicht dürfte. Ich erzählte Piet, dass Mike daraufhin das Gespräch beendet und ich angenommen hatte, er würde wieder anrufen, sobald er zur Ruhe gekommen sei. Dass er sofort kommen würde, um mich zu holen, hätte ich nicht erwartet.

»Und die Pistole?«, fragte Piet vorsichtig.

»Das war für mich auch total überraschend. Ich wusste ja noch nicht mal, dass er eine hat.«

»Bist du jetzt alleine?«

»Ja. Ich weiß nicht, wo Mike ist, er ist mit ein paar Freunden unterwegs. Ich wollte auch nur kurz sagen, dass ich gut angekommen bin.«

»Ich finde es prima, dass du angerufen hast. Ich habe mir Sorgen gemacht. Findest du es nicht blöde, dass du da jetzt alleine hockst?«

»Ich weiß wirklich nicht, was ich von diesem Abend halten soll. Ich hoffe nur, dass alles so läuft, wie Mike es gesagt hat.«

»Du kannst mich jederzeit anrufen«, sagte Piet. »Hast du Papier und Bleistift zur Hand? Dann gebe ich dir meine Privatnummer, falls du mich brauchst oder einfach nur mit mir reden möchtest.«

Nachdem ich die Telefonnummer notiert hatte, bedankte ich mich bei Piet und versprach hoch und heilig, wieder von mir hören zu lassen. Mir gab es ein gutes Gefühl, noch mal mit ihm gesprochen zu haben.

Nach dem Telefonat beschloss ich, meine Sachen nach oben zu bringen. Ich hatte gerade damit begonnen, als ich das Geräusch der sich öffnenden Schiebetür hörte. Neugierig schaute ich nach. Es war Kelly.

»He, hallo!«, begrüßte ich sie.

»Hallo! Ich bin so schnell wie möglich gekommen, als ich hörte, dass du hier bist«, sagte Kelly. Sie strahlte vor Freude.

»Komm, setz dich. Möchtest du etwas trinken? Dann erzähle ich dir die ganze Geschichte«, sagte ich atemlos.

»Ich glaube nicht, dass es viel zu trinken gibt«, sagte Kelly. »Wahrscheinlich ist nur Bier da.«

Ich zuckte mit den Achseln. »Dann trinken wir eben Bier.«

Zusammen setzten wir uns aufs Sofa, jede mit einer Flasche Bier in der Hand. Kelly hörte mir aufmerksam zu, als ich von den Ereignissen des Nachmittags berichtete. Während ich mich selbst erzählen hörte, wurde mir klar, dass es doch eine ganz schön seltsame Geschichte war. Andererseits war sie im Nachhinein betrachtet natürlich auch ungeheuer aufregend, obwohl ich immer noch die Angst und die drohende Gewalt spürte. Das versuchte ich jedoch so schnell wie möglich zu vergessen.

Ungefähr um Mitternacht kamen Mike und Ron zurück. Sie waren nicht allein. Mikes Freund war nicht mitgekommen, aber dafür ein anderer Typ, den ich noch nie gesehen hatte, und eine Frau, die ich ebenfalls nicht kannte. Kelly und ich wussten nicht, was wir sagen sollten, und von dem Bier begann sich mein Kopf inzwischen zu drehen.

Die Frau sah abstoßend und schlampig aus. Sie setzte sich mit Ron auf das Sofa und fragte lautstark: »Wann krieg ich's denn jetzt?«

»Erst den Jungs Spaß bereiten«, antwortete Ron ruhig. »Es sind Freunde von mir.«

»Aber von einem von denen ist seine Freundin hier?« Sie schaute zu mir. Ich wagte Kelly nicht anzublicken, da ich Angst hatte, dass sie sehen würde, was ich vermutete. Die Frau schien eine Nutte zu sein und war als Geschenk für Mike und den Burschen gedacht, den ich nicht kannte.

»Ach«, hörte ich Mike sagen. »Ich schaue nur zu.« Mit diesen Worten verschwanden sie zu dritt nach oben.

Kelly und mir verschlug es die Sprache. Ron sah nur unsere erstaunten Gesichter und sagte: »Meine Damen, was haltet ihr davon, wenn wir uns ein Roti reinziehen?«

»Was ist das?«, fragte Kelly.

Ron stand auf. »Kommt, ich zeig euch mal, wie man das isst.«

Mir erschien es in der Tat sinnvoll, mit ihm mitzugehen, denn ich hatte Hunger und wollte so schnell wie möglich aus dieser unmöglichen Situation heraus.

Die Sonne schien durch einen Spalt in der Gardine warm auf mein Gesicht. Vorsichtig öffnete ich die Augen und schaute mich verwundert um. Kelly und ich lagen in einem der Zimmer, die früher als Kinderzimmer gedient hatten. Als ich aufstehen wollte, verspürte ich einen heftigen Druck in meinem Kopf. Schlagartig wurde mir bewusst, was gestern alles geschehen war. Das Bier von gestern Abend war der Grund für den Brummschädel. Ich habe einen Kater, dachte ich. Na schön, dann weiß ich jetzt wenigstens, wie sich das anfühlt.

Ich stieg aus dem Bett und schlüpfte in meine Kleider. Ganz leise verließ ich das Zimmer, um Kelly nicht zu wecken. Im Flur sah ich, dass die Tür zu Mikes Schlafzimmer nur angelehnt war. Vorsichtig ging ich hin und öffnete sie. Da lag er auf seinem Bett – unbedeckt und völlig nackt. Schnell zog ich mich zurück. Ich brauchte dringend einen Kaffee.

Als ich unten in den Flur kam, erregte lautes Schnarchen aus dem Wohnzimmer meine Aufmerksamkeit. Neugierig schaute ich nach und sah, dass es Ron war, der auf dem Sofa schlief. Er wollte heute Nacht wohl nicht mehr nach Hause gehen, dachte ich mir. Ich konnte mich auch nicht erinnern, ob Mike noch gehört hatte, dass wir zurückgekommen waren.

Während ich die Kaffeemaschine anstellte, hörte ich jemanden die Treppe herunterkommen. Es war Mike. Er strich sich mit den Fingern durchs Haar. »Guten Morgen!«

Ich erwiderte seinen Gruß.

»Und? Hast du gestern einen schönen Abend verbracht?«, fragte er ein bisschen säuerlich.

»Was glaubst du?«, antwortete ich. »Wenn Ron uns nicht mitgenommen hätte, wäre es für mich noch langweiliger geworden.«

Erstaunt schaute er mich an. Es schien, als könne er sich nicht vorstellen, dass er sich geirrt hatte. Ohne ein Wort zu sagen, verließ er die Küche und lief ins Wohnzimmer, wo er sofort Ron anschrie: »Verdammt noch mal, mach auf der Stelle, dass du aus dem Haus kommst! Nennst du das etwa Freundschaft? Du hast heute Nacht versucht, die Mädchen zu ködern! Aber eins sag ich dir: Es wird dir nicht gelingen, die Mädchen auf den Strich zu schicken!«

Von der Küche aus konnte ich alles verfolgen. Ron blickte verschlafen zu Mike hoch. »Mach nicht solchen Wind, Mann! Ich habe sie nur zu einem Roti eingeladen. Die Mädchen saßen hier völlig alleine rum, während du dich da oben vergnügt hast.«

»Ich hab überhaupt nichts mit dem Weib gemacht!«, schrie Mike jetzt noch lauter.

»Das glaubst du doch selbst nicht!«, brüllte Ron zurück, während er seine Klamotten anzog. Er stand auf und ging zur Schiebetür. Bevor er sie öffnete, blieb er noch kurz stehen. Er drehte sich zu Mike um und sagte in drohendem Ton: »Mir gegenüber brauchst du dich nicht zu rechtfertigen. Aber ich hoffe für dich, dass sie dir glaubt!« Er zeigte auf mich.

Mike schaute mich an. In der Tat, wenn ich jetzt so darüber nachdachte, gab es keinen Grund, Mike zu glauben. Ich drehte mich um und lief nach oben. Dort weckte ich

Kelly und erzählte ihr, was sich zwischen Ron und Mike abgespielt hatte.

Sie zuckte mit den Achseln. »Ach, stell dich nicht so an, Merel. Mike ist schon ein komischer Kerl, aber ich glaube nicht, dass er es mit einer anderen tun würde, während er in dich verliebt ist.«

»Sollen wir heute Sozialhilfe für mich beantragen?«, fragte ich, um das Thema zu wechseln.

»Ja, das ist eine gute Idee. Aber was hältst du davon, wenn wir vorher bei meiner Mutter etwas essen?«, schlug sie vor.

»Ja, prima. Ich könnte etwas vertragen.«

Wir gingen nach unten. Ich wollte gerade das Haus verlassen, als Mike fragte: »Wo wollt ihr hin?«

Ohne etwas zu sagen, öffnete ich die Schiebetür und ging nach draußen. Als ich die Tür wieder schließen wollte, hielt Mike mich zurück. »He, ich habe dich etwas gefragt!«, sagte er heftig.

Ich schaute ihm gerade in die Augen. »Du hast mich gestern mit vorgehaltener Pistole aus dem Internat geholt und gesagt, du wolltest für mich sorgen«, erwiderte ich eiskalt. »Anschließend lässt du mich noch am selben Abend alleine im Haus zurück und erscheinst dann mit einer Hure. Nennst du das etwa ›für mich sorgen‹?«

Ohne noch einen Ton zu sagen, drehte ich mich um und ging. Dass ich mich auf Mikes Versprechungen nicht verlassen konnte, hatte ich gleich am ersten Abend lernen müssen

Beim Sozialamt kam es nicht mal zu einem Aufnahmegespräch. Die Frau hinter dem Schalter sagte mir, ich solle es wieder versuchen, wenn ich sechzehn sei. Dann würde man meinen Antrag überhaupt erst bearbeiten. Das Beste, was Mike jetzt unternehmen könne, sei, anzugeben, dass er mit mir zusammenlebte. Dann könnte seine Sozialhilfe erhöht werden. Enttäuscht verließen wir das Sozialamt. Zum ersten Mal wurde mir klar, dass irgendwie Geld reinkommen musste, sonst würde es nichts zu essen geben. Dies war meine erste Lektion auf dem Weg in die Selbständigkeit gewesen. Ohne Geld kein Essen! Daran hatte ich noch nie einen Gedanken verloren.

Auf dem Rückweg trafen wir Paula. Sie war überrascht, mich zu sehen. »Müsstest du nicht im Internat sein?«

Ich erzählte ihr, was am Tag zuvor geschehen war.

»Weiß deine Mutter es schon?«, fragte sie besorgt.

Scheiße, meine Mutter! An sie hatte ich überhaupt nicht mehr gedacht.

Paula meinte, falls ich irgendwie Hilfe benötigen würde, solle ich es ihr sagen. Ich war darüber unendlich dankbar, was ich ihr auch sagte.

Das finanzielle Problem rückte erst einmal in den Hintergrund, da ich jetzt vor der schwierigen Aufgabe stand, meiner Mutter zu beichten, dass ich ab heute bei Mike wohnen würde. Sobald ich nach Hause kam, wollte ich sofort auf dem Campingplatz anrufen, nahm ich mir vor.

Kellys Mutter hatte gesagt, zum Abendessen könnte ich zu ihnen kommen. Ich schlug das Angebot nicht aus, doch danach musste ich wieder zurück zu Mike. Ich musste ihm unter die Augen treten, denn dort war jetzt mein Zuhause. Ich hatte Kelly gebeten, mit zu Mike zu gehen, aber sie war schon mit Erik verabredet. Enttäuscht machte ich mich alleine auf den Nachhauseweg.

Auf dem Weg kam ich an einer Frittenbude vorbei.

Gedankenverloren ging ich daran vorbei, als sich plötzlich die Tür öffnete und Mike hinter mir hergerannt kam. »He, warte, jetzt warte doch!«, rief er.

Ich blieb stehen und drehte mich um.

»Hier, nimm das«, sagte er und löste einen Schlüssel aus seinem Schlüsselbund. »Ich esse noch schnell meine Fritten, dann komme ich auch nach Hause.«

Ich nahm den Schlüssel und lief wortlos weiter. Als ich die Schiebetür öffnete, sah ich im Wohnzimmer zu meinem Erstaunen einen der Welpen, den Mike ins Tierheim hatte geben müssen. Erfreut lief ich auf den Hund zu, und zusammen setzten wir uns aufs Sofa.

»Oh«, sagte Mike, als er zehn Minuten später kam, »wie ich sehe, habt ihr euch schon gefunden.«

Ich nickte und streichelte dem Hund über den Kopf.

»He«, sagte Mike zu dem Hund, »ist da auch noch ein bisschen Platz für mich?« Er schob ihn zur Seite und setzte sich neben mich. »Hier«, meinte er und hielt eine Papiertüte hoch, »ich habe dir etwas zu essen mitgebracht.«

Ich nahm die Tüte, legte sie auf den Tisch und sagte, ich hätte bereits gegessen. Ich war immer noch wütend darüber, was er gestern getan hatte.

Mike schubste den Hund vom Sofa, legte seinen Kopf auf meinen Schoß und schaute mich an. Ich wich seinem Blick aus und konzentrierte mich weiter auf das Fernsehprogramm.

»Ich hab gestern wirklich nichts mit ihr gemacht, das musst du mir glauben«, flüsterte Mike.

Ich sagte immer noch nichts.

»Ich versuche es dir doch so schön wie möglich zu machen«, fuhr er fort. »Extra für dich habe ich den Hund geholt. Ich habe dir sogar Essen mitgebracht. Wenn ich sage, dass ich für dich sorge, dann tue ich das auch!«

Jetzt erst schaute ich ihn an, aber ich sagte immer noch nichts.

»Gestern Abend hatte ich unheimliche Angst, dich zu verlieren. Ihr seid einfach mit Ron abgezogen, ohne mir was zu sagen.«

»Das lag ja wohl nicht an mir«, sagte ich leise. »Du reißt mich einfach aus meiner Umgebung heraus, versprichst mir, dass du für mich sorgen wirst, und dann überlässt du mich an demselben Abend einfach meinem Schicksal.«

»Okay«, sagte Mike, »tut mir leid! Aber ich will wirklich nicht ohne dich leben. Gestern ist mir klar geworden, wie wichtig du für mich bist. Wie viel du mir bedeutest.«

In meinem Bauch begann es wieder zu kribbeln, als ich Mike so reden hörte. Mike konnte mir einfach dieses phantastische Gefühl geben, etwas Besonderes zu sein.

»Du wirst ja ganz rot«, sagte Mike mit heiserer Stimme. Ich schaute ihn nur an und sagte nichts.

Zärtlich küsste er meinen Mund. Bevor ich wusste, wie mir geschah, lagen wir oben im Schlafzimmer und schliefen miteinander. Ich fand es spannend, aber auch etwas unheimlich, schließlich war es für mich das erste Mal. Doch endlich traute ich mich, weil ich mich noch nie so geliebt gefühlt hatte wie in diesem Moment.

»Wir müssen meine Mutter noch benachrichtigen«, sagte ich zu Mike, als ich später in seinen Armen auf dem Bett lag.

»Warum? Sie hat dich doch weggeschickt.«

»Trotzdem muss sie es erfahren.«

»Gut«, sagte Mike ruhig. »Ich rufe sie gleich an. Wo erreiche ich sie?«

»Auf dem Campingplatz.«

»Hast du ihre Nummer?«

»Ja, in meiner Jackentasche«, sagte ich und wollte das Bett verlassen.

Mike zog mich sanft zurück und sagte: »Erst mal eine Zigarette rauchen.«

Wir lagen noch eine halbe Stunde auf dem Bett und rauchten. Ich hatte das Gefühl, es mit der ganzen Welt aufnehmen zu können. Dann döste ich etwas vor mich hin. Im Hintergrund hörte ich Mike schimpfen. Ich erschrak, denn ich hatte ihn nicht weggehen hören. Neben dem Bett lag Mikes T-Shirt. Ich zog es an und ging nach unten.

Mike stand im Wohnzimmer mit dem Telefon in der Hand. Er schrie: »Was, du kannst sie nicht ausrufen? Es interessiert mich nicht, ob du dann alle Campinggäste weckst. Ich will sie auf der Stelle sprechen. Wenn du nicht dafür sorgst, jage ich dir morgen eine Kugel in die Birne!«

Ich erschrak über die brutale Ausdrucksweise, und in diesem Moment warf Mike das Telefon gegen die Wand. Ich schaute mir das Ganze aus sicherer Entfernung an und blieb mucksmäuschenstill.

Mike bemerkte mich und drehte sich zu mir um.

»Das war wahrscheinlich der Campingplatzbesitzer, was?«, fragte ich.

»Ja, der Kerl weigerte sich einfach, deine Mutter zu rufen. Morgen früh würde er sie benachrichtigen. Als ich ihm sagte, dass er eine Kugel in die Birne kriegt, hat er aufgelegt.«

Mike schnappte sich das Telefon und wählte eine Nummer. »Ich rufe ein paar Freunde an, dann fahren wir zum Campingplatz. Dem Burschen werde ich zeigen, dass ich mir nicht auf der Nase rumtanzen lasse.«

Erschreckt lief ich auf ihn zu. Ich warf mich ihm an die Brust und hörte sein Herz hämmern. »Mach dich nicht verrückt. Der meint es doch nicht persönlich«, versuchte ich ihn zu beruhigen. »Bei denen gibt es schließlich auch Vorschriften. Morgen ruft meine Mutter bestimmt an«, sagte ich mit möglichst viel Überzeugungskraft in der Stimme. Ich spürte, wie Mike mich in die Arme nahm.

»Ich will doch nur das Beste für dich«, sagte er enttäuscht.

»Das weiß ich auch, aber im Moment können wir nichts machen.«

Mike schwieg eine Weile, und er sah richtig lieb aus. Der Mike, den ich jetzt sah, war jener Mike, der mir so ein besonderes Gefühl gab. Das Gefühl, beschützt zu sein …

Am nächsten Morgen wurden Mike und ich durch das Klingeln des Telefons geweckt. Mike ging nach unten, um das Gespräch anzunehmen. Gespannt lauschte ich, wer es war.

»Merel, es ist deine Mutter!«, hörte ich Mike rufen. Ich zog ein Hemd von ihm an und lief die Treppe hinunter.

»Guten Morgen! Hast du gut geschlafen?«, fragte mich Mike unten im Flur und gab mir einen Kuss. Ich murmelte irgendetwas und ging ins Wohnzimmer. Bevor ich den Hörer nahm, holte ich tief Luft.

»Hallo!«, sagte ich, so ruhig es eben ging.

»Was ist los mit dir?«, fragte meine Mutter mit eisiger Stimme.

»Es ist nicht so gelaufen, wie du denkst. Ich wollte es wirklich nicht, Ma«, flüsterte ich.

»Ich habe gerade mit dem Internat telefoniert und die Geschichte gehört. Ist dir klar, in was du da geraten bist?«, fragte sie, jetzt mit mehr Nachdruck.

»Ich bin in guten Händen, Ma. Mach dir keine Sorgen.«

»Und ob ich das mache! Wenn du dort bleibst, kannst du nicht mehr mit meiner Hilfe rechnen! Dann musst du alleine klarkommen.«

»Tu, was du nicht lassen kannst«, gab ich spitz zurück. »Wenn es das ist, was du willst.«

»Nein, das ist überhaupt nicht das, was ich will!« Sie begann zu weinen.

»Du musst nicht weinen«, versuchte ich sie zu trösten.

Einen Moment war Schweigen auf der anderen Seite. Dann legte meine Mutter auf.

Mit dem Hörer in der Hand blieb ich sitzen und mir wurde schlagartig klar, dass ich jetzt wirklich auf mich selbst gestellt war.

Mike kam ins Wohnzimmer. Er setzte sich neben mich aufs Sofa und gab mir einen Becher Kaffee. »Was hat sie gesagt?«, fragte er.

»Sie will nichts mehr mit mir zu tun haben, wenn ich hierbleibe«, antwortete ich. Die Tränen rollten mir über die Wangen.

Mike nahm mich in den Arm und sagte tröstend: »Das meint sie nicht so. Das sagt sie nur, weil sie dich zwingen will, hier wegzugehen.«

Betrübt lag ich in Mikes Armen. Momentan war mir alles egal, ich hatte nur noch Mitleid mit mir selbst. Meine Mutter setzte mich unter Druck, Mike zu verlassen, aber wohin sollte ich denn gehen? Im Internat wollte man mich natürlich nicht mehr haben. In der Zwischenzeit hatten sie meinen Platz wahrscheinlich schon an jemand anderen vergeben.

So blieben wir eine Zeit lang sitzen, bis Kelly auftauchte. »Hallo!«, begrüßte sie uns fröhlich. »Was ist denn hier los?«

Mike erzählte ihr, weshalb ich so traurig war.

»Ach, das hat meine Mutter schon so oft gesagt. Das meint sie nicht im Ernst, Mann.«

Mein Herzschlag setzte einen Moment aus, als das Telefon klingelte. Das wird wohl meine Mutter sein, dachte ich. Doch es war Erik, der vorschlug, meine Sachen mit seinem Auto aus dem Internat zu holen. Das war zwar äußerst aufmerksam von ihm, allerdings hatte ich keine Lust, mich dort wieder blicken zu lassen.

Mike wollte, dass Kelly und ich im Auto blieben. Es dauerte keine zehn Minuten, bis er mit einer großen Tasche erschien, in der all meine Sachen verstaut waren. Die Tasche flog auf den Rücksitz, und wir verließen das Grundstück, ohne noch einmal zurückzublicken.

Im Auto herrschte Stille. Die Worte meiner Mutter spukten in meinem Kopf herum, aber ich musste versuchen, das Beste aus all dem zu machen.

Eine Viertelstunde später fuhren wir auf der Autobahn, und ich beobachtete, dass wir die anderen Autos mit hundertfünfzig Sachen überholten. Plötzlich hörten wir einen lauten Knall, sodass Kelly und ich uns aufrecht hinsetzten, um zu sehen, was geschehen war. Die Motorhaube war aufgeflogen, und Erik konnte nichts mehr sehen. Angespannt lenkte er das Auto, so gut er konnte, an die Seite.

Als wir standen, begann er mit Mike zu streiten. »Wie kann man so blöd sein? Du hast die Haube nicht richtig zugemacht, nachdem du das Kühlwasser aufgefüllt hast.«

Mike antwortete völlig ruhig: »Dann mach es doch in Zukunft selbst. Ist doch nichts passiert.«

»Nichts passiert?«, schrie Erik. »Die ganze Haube ist weggerissen! So können wir nicht weiterfahren.«

»Na gut«, antwortete Mike und stieg aus. Er schob den Sitz nach vorne und reichte mir eine Hand. Während ich danach griff und ausstieg, sagte Mike: »Wir nehmen den Zug.«

Erik und Kelly verließen das Auto ebenfalls und gingen mit uns. Zu viert liefen wir zum nächsten Bahnhof, um dort den Zug nach Hause zu nehmen.

Als wir eine Zeit lang im Zug gesessen hatten, sprach uns ein Schaffner an: »Guten Tag! Dürfte ich bitte Ihre Fahrausweise sehen?«

Scheiße, dachte ich, wir haben gar keine Fahrkarten gekauft.

»Wir haben keine«, sagte Mike ruhig.

»Keiner?«, fragte der Schaffner.

»Nein«, erwiderte Mike.

»Gibt es einen Grund dafür, wenn ich fragen darf?«

»Nein, das darfst du nicht«, sagte Mike drohend.

»Gut, dann werden Sie ein Verwarnungsgeld zahlen müssen.«

»Nur zu. Du weißt ja doch nicht, wo ich wohne. Ich gebe einfach eine falsche Adresse an.«

»Dann werde ich die Bahnpolizei einschalten müssen.«

Erik stieß Mike in die Seite. »Komm, mach mal halblang!«

»Hat einer von Ihnen einen Führerschein bei sich?«, fragte der Schaffner.

»Ja«, sagte Erik und gab ihm seinen Führerschein.

»Gut, ich will mal nicht so sein. Ich schreibe jetzt vier Fahrscheine aus. Wenn Sie die morgen sofort am Schalter bezahlen, dann gibt es kein Verwarnungsgeld. Tun Sie es nicht, dann schicke ich vier Strafzettel an diese Adresse.« Nachdem der Schaffner Erik den Schein gegeben hatte, verschwand er wieder.

»Was für ein Arschloch!«, sagte Mike wütend.

Ich machte mir mehr Sorgen darüber, wie in Gottes Namen wir die Fahrkarten bezahlen sollten. Ich hatte keinen roten Heller.

Erik sprach während der gesamten Fahrt kein Wort mehr mit Mike. Vom Bahnhof aus brachte er Kelly zurück, Mike und ich gingen zusammen nach Hause.

»Willst du auch ein Bier?«, fragte Mike, als er in die Küche ging.

»Ja, meinetwegen«, sagte ich, »Ich habe übrigens Hunger. Du nicht?«

Mike setzte sich mit ein paar Bierflaschen neben mich aufs Sofa. Mit einem Knall löste er den Bügel und sagte: »Eine Flasche ersetzt zwei Scheiben dunkles Brot, und da ich Bier lieber mag, halte ich mich daran.«

»Na schön, wenn es den Magen genauso füllt wie Butterbrote, soll es mir recht sein«, sagte ich und drückte ebenfalls den Bügel einer Flasche hoch. »Übrigens, du wolltest mir doch beibringen, wie man eine Flasche in einem Zug austrinkt«, sagte ich verwegen.

Mike setzte eine Flasche an den Mund und sagte: »Einfach die Kehle öffnen und dann gluckern lassen.«

Ich setzte die Flasche an den Mund und beugte den Kopf nach hinten. Dann öffnete ich die Kehle, wie Mike gesagt hatte. Das Bier floss unheimlich schnell aus der Flasche ... Reflexartig schluckte ich. Nur vergaß ich, die Flasche wegzuziehen, was zur Folge hatte, dass sich das restliche Bier über mich ergoss. Mike musste lachen, als ich zu prusten begann.

»Ja, lach du nur!«, sagte ich. »Aber ich schaffe das

schon noch.« Wagemutig setzte ich die nächste Flasche an den Mund und öffnete wieder die Kehle, und wahrhaftig gelang es mir, die Hälfte mit einem Mal runterzukriegen.

»Gut so! Hier hast du noch eine«, sagte Mike stolz und gab mir eine neue Flasche. Da ich fast nie Alkohol trank, spürte ich bereits, wie mein Kopf etwas leichter wurde. Ich nahm die Flasche und setzte sie gleichzeitig mit Mike an den Mund. Wir öffneten unsere Kehlen. Diesmal gelang es mir nicht so gut wie vorher, der Inhalt der Flasche ergoss sich wieder über mich. Mike brüllte vor Lachen, und auch ich konnte mich nicht halten. Ich wollte aufstehen, um ein Tuch aus der Küche zu holen und das verschüttete Bier aufzuwischen, doch als ich stand, begann sich alles in meinem Kopf zu drehen. Meine Beine schienen aus Gummi zu sein. Vorsichtig versuchte ich zu gehen. Bevor ich wusste, wie mir geschah, lag ich der Länge nach auf dem Boden und kam nicht mehr hoch. Das Lachen war mir mit einem Schlag vergangen. Ich war total betrunken.

Mike hatte begriffen, dass ich es nicht mehr lustig fand, und er stand auf. »Komm, ich bringe dich nach oben«, sagte er und kniete sich neben mich. Einen Arm schob er unter meinen Rücken, den anderen unter die Kniekehlen, und dann trug er mich die Treppe hinauf.

In seinen Armen liegend fragte ich: »Spürst du nichts?«

»Nein, nicht nach zwei Bierchen. Und weißt du was? Morgen ist es noch schlimmer«, sagte er lachend.

So gingen wir nach oben. Mike legte mich vorsichtig aufs Bett und kuschelte sich zu mir. Ich lag auf dem Rücken, und Mike bettete seinen Kopf auf meine Brust.

Oh, wie sich das alles um mich herum dreht, wenn ich die Augen zumache, dachte ich noch. Dann wurde mir schwarz vor Augen, und ich fiel in einen tiefen Schlaf.

Bevor ich die Augen aufmachte, versuchte ich mich vorsichtig zu recken. Meine Kehle fühlte sich trocken an, und ich hatte furchtbaren Durst. Ich hörte Mike die Treppe hochkommen und die Schlafzimmertür öffnen. Langsam richtete ich mich auf. Was für grauenhafte Kopfschmerzen! Ich kniff die Augen zusammen und sah Mike durch die Schlitze, er stand in der Türöffnung.

»Guten Morgen! Gut geschlafen?«, fragte er, meiner Meinung nach viel zu laut. Er setzte sich neben mich aufs Bett. »Hast du Kopfschmerzen?«, fragte er besorgt.

»Hm, ja«, murmelte ich, »und vor allem habe ich schrecklichen Durst.«

»Na, das trifft sich gut. Hier, ich habe Kaffee für dich.« Er reichte mir einen Becher. Ich nahm ihn mit beiden Händen und sog den herrlichen Duft ein.

Unten hörten wir ein Auto halten. Mike gab mir einen Kuss auf die Stirn und sagte: »Das ist der Bäcker. Ich muss eben altes Brot für den Hund holen, ich bin sofort wieder zurück.«

Ich nickte und nippte vorsichtig an dem heißen Kaffee. Was fühlte sich mein Kopf komisch an! Mein Magen machte ein lautes knurrendes Geräusch, während mir gleichzeitig vom bloßen Gedanken an Essen bereits schlecht wurde. Ich beschloss, nach dem Kaffee wieder unter die Bettdecke zu kriechen. Schon allein das Licht tat meinen Augen weh.

Nach ein paar Stunden Schlaf war ich schließlich so

weit, mir einen Ruck zu geben und mich anzuziehen. Es würde bestimmt ein sehr ruhiger Tag für mich werden. Nach einer herrlich warmen Dusche polterte ich die Treppe hinab. Unten war es still. Draußen sangen fröhlich die Vögel, und die Sonne schien. Schritt für Schritt bewegte ich mich in die Küche, um die Kopfschmerzen so erträglich wie möglich zu gestalten. Mein Magen knurrte immer noch, und ich musste zugeben, jetzt doch etwas Hunger zu haben. Ich öffnete den Kühlschrank und beugte mich vorsichtig vornüber, um zu sehen, was sich darin befand. Zunächst dachte ich, der Kater sei schuld, doch schnell wurde mir klar, dass stimmte, was ich sah. Der Kühlschrank war leer, abgesehen von ein paar Bierflaschen. Achselzuckend machte ich den Kühlschrank wieder zu. Ich würde Mike wohl fragen müssen, ob eingekauft werden musste.

Eine Tüte mit Brot auf der Anrichte erregte meine Aufmerksamkeit. Ich öffnete die Tüte und sah, dass das Brot alt war. Es war sicher für den Hund gedacht, doch das machte mir nichts aus. Ich hatte einfach Hunger. Mit einem Stück altem Brot setzte ich mich aufs Sofa und machte es mir vor dem Fernseher bequem.

Am späten Nachmittag kam Mike nach Hause, zusammen mit einem Typ, den ich noch nie gesehen hatte. Ich schätzte ihn auf ungefähr dreißig. Er war sehr groß und hatte schöne dunkle Augen. Mike stellte ihn mir vor: »Das ist Job, ein guter Freund von mir. Wenn mal irgendetwas ist, und ich bin nicht zu Hause, dann kannst du dich immer an ihn wenden.«

»Wie meinst du das?«, fragte ich überrascht.

»Das erkläre ich dir später«, sagte Mike ausweichend.

Er verließ das Zimmer und fragte aus der Küche: »Möchtest du eins?«

»Nein«, sagte Job. »Ich trinke keinen Alkohol.«

Ich ging in die Küche. »Soll ich etwas einkaufen gehen? Wir haben nichts zu essen.«

»Übermorgen bekomme ich wieder Geld vom Sozialamt. Dann kann ich was besorgen«, antwortete er.

»Hast du denn keinen Hunger?«

»Ich nehme ein Bier.« Er verließ die Küche.

Na ja, dann esse ich bis dahin eben von dem Brot für den Hund, dachte ich und setzte ich mich wieder auf das Sofa im Wohnzimmer.

Es wurde ein gemütlicher Abend mit Job. Er war ein netter Bursche. Kelly kam abends auch noch vorbei. Job zeigte sich von ihr angetan, das war deutlich zu merken. Als ich Kelly später in der Küche fragte, wie sie ihn fand, gab sie zu, dass sie sich durch seine Aufmerksamkeit geschmeichelt fühlte, mehr aber auch nicht. Schließlich war sie immer noch in Erik verliebt.

Job brachte Kelly nach Hause, und auf dem Rückweg kaufte er Fritten, die ich mir gierig in den Mund stopfte.

»Siehst du, alles wird gut«, flüsterte mir Mike ins Ohr. »Wenn dir jemand etwas ausgeben will, darfst du nie ›Nein‹ sagen.«

Satt und zufrieden schlief ich auf dem Sofa ein.

Der nächste Morgen begann viel besser als der Tag zuvor. Ich hatte keine Kopfschmerzen mehr, aber das Beste war, dass mein Magen nicht knurrte. Mike lag noch neben mir auf dem Sofa und schlief. Ich spürte seinen ruhigen Atem, offensichtlich musste er seinen Rausch von gestern ausschlafen. Mir war inzwischen klar, dass Bier eine wichtige Rolle in seinem Leben spielte, aber wenn man davon überzeugt war, dass ein Bier eine ganze Mahlzeit ersetzte, war man natürlich schnell jeden Tag betrunken.

Ich stand auf, denn heute wollte ich ihm einen Kaffee ans Bett bringen. Im Flur wurde ich fröhlich vom Hund begrüßt. Er kam hinter mir her und wartete geduldig auf sein Brot. Ich warf ihm zwei Schnitten zu und sagte: »Hier, Junge, das muss reichen für heute.« Ich nahm ebenfalls ein Stück aus der Tüte und musste feststellen, dass es inzwischen noch trockener war als gestern. Ach, das machte mir nichts aus. Morgen würde es Geld geben, und dann konnten wir Essen einkaufen.

Als der Kaffee fertig war, ging ich zurück zum Sofa. Mike lag noch genauso da wie vorher. Ich setzte mich auf den Sofarand und küsste ihn vorsichtig auf den Mund. Mike hielt mich mit beiden Händen fest. »Du hast nur gespielt«, sagte ich lachend. Mike antwortete nicht, aber es dauerte nicht lange, und wir schliefen erneut miteinander.

Viel Zeit blieb uns aber nicht, denn wir hörten draußen ein Auto mit quietschenden Reifen um die Kurve biegen, und bevor ich es begriffen hatte, stand Job in der Tür.

»Kommt ihr mit zum Strand?«, fragte er ausgelassen. »Bei diesem Wetter können wir wunderbar auf der Strandpromenade spazieren gehen. Linda und Paul habe ich auch schon Bescheid gesagt.«

Mike schaute mich fragend an.

»Einverstanden«, sagte ich.

Auch Kelly tauchte plötzlich auf, und Job begrüßte sie überschwänglich. Sie grüßte nur kurz zurück und ging an ihm vorbei.

»Hallo, wie geht's?«, fragte ich. Zusammen gingen wir in die Küche, wo sie sich einen Kaffee eingoss, während ich an der Anrichte lehnte.

Auch Mike kam in die Küche. »Schenkst du mir auch einen ein?«, bat er Kelly. Ohne etwas zu sagen, nahm sie eine zweite Tasse. Mike zündete zwei Zigaretten an, gab mir eine und verließ die Küche wieder.

»Kommst du auch mit?«, fragte ich Kelly.

»Wohin?«, fragte sie, ohne aufzuschauen.

»Sie wollen an den Strand. Wenn ich es richtig verstanden habe, treffen wir auch Linda und Paul. Vorher wollen Mike und Job ein bisschen über die Promenade laufen.«

»Ja, nicht schlecht«, antwortete Kelly. »Vielleicht will Erik ja auch mit.«

»Hast du übrigens noch was von ihm gehört?«, fragte ich vorsichtig.

Kelly zuckte kurz mit den Achseln. »Nein, ich werde ihn mal anrufen.« Sie ging ins Wohnzimmer. Ich beschloss, Mike den Kaffee nach draußen zu bringen. Er stand an sein Auto gelehnt und schwatzte mit Job. Mike benutzte sein Auto nur nachts, in der Hoffnung, dann nicht von der Polizei geschnappt zu werden, denn schließlich hatte er immer noch keinen Führerschein.

Ich gab ihm den Kaffee, setzte mich neben ihn auf die Motorhaube und beteiligte mich an dem Gespräch. Als Kelly zu uns nach draußen kam, schauten wir sie alle erwartungsvoll an.

»Ich komme auch mit, wenn ihr nichts dagegen habt«, sagte sie.

»Natürlich nicht!«, sagte Job etwas zu laut.

Wir mussten alle furchtbar lachen.

Zu viert fuhren wir mit der Straßenbahn zum Strand. Es war herrliches Wetter, und die Promenade war richtig schön bevölkert, einfach herrlich voller Menschen, und das bei diesem phantastischen Wetter. Hand in Hand spazierten Mike und ich an den Terrassen der Cafés entlang.

Job machte lautstark auf sich aufmerksam. Er legte es darauf an, Passanten zu ärgern. Man konnte deutlich sehen, dass sie ihm aus dem Weg zu gehen versuchten. Ich war nur froh, dass Mike dem keine Beachtung schenkte, sonst würde die angenehme Atmosphäre schnell umschlagen. Ich konnte immer noch nicht glauben, dass Mike diese zwei Gesichter hatte. Auf der einen Seite war er lieb, zärtlich und beschützend, dann wieder aggressiv. Wenn er seine freundliche Seite zeigte, vergaß ich schnell den beängstigenden Teil.

Plötzlich schnappte sich Job Kelly, warf sie sich über die Schulter und schrie den Leuten, die herüberschauten, zu: »Das hier ist mein Mädchen! Alles herschauen, denn ich nehme sie mir hier mitten auf der Promenade!« Er legte sie auf die Erde und ließ sich auf sie fallen. Dann machte er wippende Bewegungen auf ihr und stöhnte laut.

Kelly bekam einen feuerroten Kopf. Sie konnte sich nirgends verstecken! Dennoch schien sie die Aufmerksamkeit auch zu genießen. Die Leute wendeten voller Abscheu den Blick ab und liefen weiter, als sei nichts geschehen.

»Ich würde mich niemals zu so etwas erniedrigen«, sagte ich missbilligend zu Mike.

»Wirklich nicht?«, fragte er neckisch.

»Nein!«, sagte ich bestimmt und ließ ihn meinen Ärger deutlich spüren.

Nachdem wir lange genug auf der Promenade herumspaziert waren, nahmen wir die Straßenbahn zu einem anderen Teil des Strands. Dort waren wir mit Paul und Linda verabredet. Inzwischen war es ungefähr acht Uhr. Die untergehende Sonne hatte eine wunderschöne Farbe angenommen und stand am Rand des Horizonts. Ich konnte meinen Blick nicht davon abwenden, so phantastisch sah es aus.

Mittlerweile war fast niemand mehr am Strand. Die Besitzer der Strandbuden begannen ihre Geschäfte zu schließen. Ein Stückchen weiter sahen wir Paul und Linda, die sich bemühten, ein Feuer anzuzünden. Als sie uns erkannten, winkten sie heftig, und wir liefen zu ihnen. Kelly, Job und Mike ließen sich in den noch warmen Sand fallen. Ich zog es vor, zur Brandungslinie zu gehen und mich auf den nassen Sand zu setzen.

Voller Bewunderung betrachtete ich den Horizont, an dem Möwen ihre Bahnen zogen. Gegen die untergehende Sonne schienen sie rot zu glühen. Es war ein gewaltiger Anblick.

Ich spürte, wie sich zwei Hände von hinten unter mein Hemd schoben. Als ich mich umschaute, sah ich, dass Mike sich hinter mich gesetzt hatte.

»Wonach hältst du Ausschau?« fragte er, während er mich festhielt.

»Nach allem, was vor mir liegt«, antwortete ich.

»Soll ich mich dann vor dich setzen?«

»Nein, bleib ruhig, wo du bist. So sitzt es sich schön.« Ich lehnte mich an seine Brust. Im Hintergrund hörten wir, wie Kelly, Job, Linda und Paul ihren Spaß hatten. Für einen Moment schien es, als hätten sämtliche Sorgen sich in nichts aufgelöst, ein Gefühl, das mir große Ruhe verlieh. Mikes Hände wanderten zum Reißverschluss an meiner Hose. Ich schrak aus meinen Gedanken auf. Als er vorsichtig den Reißverschluss öffnete, schob ich seine Hand weg.

»Was ist denn jetzt los?«, fragte er pikiert.

»Was glaubst du? Du erwartest doch wohl nicht, dass ich es hier am Strand mache!«

»Warum nicht?«

»Weil es jeder sehen kann, und das mag ich nicht.«

»Dann machen wir es eben im Wasser!«, drängte Mike.

»Nein, auch im Wasser mache ich es nicht. Weißt du, wie kalt es ist?«

Mike stand auf und lief weg. Ich schaute mich um und sah, dass er mit großen Schritten auf die anderen zuging. Ich zuckte mit den Achseln und dachte: Dann fühlt er sich eben abgewiesen, daran kann ich auch nichts ändern. Er hätte doch auch einfach bei mir sitzen bleiben können. Also genoss ich weiter die herrliche Aussicht, auch wenn es schnell dunkel wurde. Aber das machte mir nichts aus, denn schon allein das Geräusch der Wellen war schön.

Ich beschloss, ins Wasser zu laufen. Ich zog die Schuhe aus, ließ sie dort, wo ich gesessen hatte, und ging auf das Wasser zu. Es war verdammt kalt an den Füßen, und ich beobachtete, wie sie unter dem Wasser im Sand verschwanden. Hinter mir hörte ich ein Auto. Neugierig blickte ich mich um und sah, dass es ein Polizeibus war, der direkt auf die anderen zufuhr. Das Lagerfeuer loderte inzwischen meterhoch. Kelly kam zu mir, während die anderen mit der Polizei redeten.

»Was ist los?«, fragte ich.

»Sie haben die Holzpaletten ins Feuer geworfen, und jetzt ist es zu hoch geworden. Die Polizei hat entdeckt, dass ein paar Paletten verschwunden sind, also gibt es Krach«, erklärte Kelly. »Mike will, dass du kommst.«

»Du kannst ihm ja sagen, dass ich gleich komme.«

»Ich halte mich da raus«, meinte Kelly pikiert und drehte sich um.

Was soll das denn jetzt schon wieder?, dachte ich. Mit einem tiefen Seufzer nahm ich Abschied von der faszinierenden Aussicht. Die Dunkelheit griff um sich. Meine schöne Aussicht war verschwunden. Ich holte meine Schuhe und schlenderte zu den anderen. Der Polizeibus war inzwischen weg. Ich stellte keine Fragen, mich ging das alles schließlich nichts an.

Ich ließ mich neben Mike in den Sand fallen und starrte

ins Feuer. Mike sagte keinen Ton. Auch ich schwieg. Als das Feuer fast niedergebrannt war, hatten wir immer noch kein Wort gewechselt. Die anderen wollten nach Hause, und wir gingen schweigend mit.

In der Straßenbahn setzte sich unser Schweigen fort. Ich starrte aus dem Fenster. Als wir in der Stadt ankamen, schlug Mike vor, seine Schwester zu besuchen, und alle fanden es gut. Ich hatte auch nichts dagegen, so konnte ich Mikes anderen Hund mal wieder sehen.

Seine Schwester schien sich zu freuen, als sie die Haustür öffnete. Einer nach dem anderen gingen wir ins Haus. Gemeinsam mit Kelly blieb ich im Flur, wo wir von dem Hund begrüßt wurden. Während ich mich hingekniet hatte und den Hund streichelte, stellte Mike seiner Schwester die anderen vor. Ich hörte ihn sagen: »Diese hier ist ein Superweib!« Er wies auf Kelly. Dann zeigte er auf mich und sagte. »Und diese hier kennst du ja schon, sie ist ein Baby!«

Dann ging er einfach ins Wohnzimmer. Die Tränen traten mir in die Augen. Kelly schaute mich verwirrt an. Anscheinend wusste sie auch nicht, wie sie mit der Situation umgehen sollte.

»Geh nur«, sagte ich leise. Kelly folgte den anderen ins Wohnzimmer.

Ich versuchte, meine Tränen zurückzuhalten, als ich so alleine im Flur stand, doch es gelang mir nicht. Zum ersten Mal hatte Mike mich verletzt. Wie konnte er nur so etwas sagen, obwohl er mir doch immer gesagt hatte, dass ich etwas Besonderes für ihn war?

Ich spürte, wie sich zwei Arme auf meine Schultern legten. Es war Mikes Schwester. »Mach dir nichts draus. Was er eben getan hat, lässt sich nicht beschönigen, aber ich fürchte, dass du ihn beleidigt hast«, sagte sie sanft. »Dann reagiert er immer so.«

»Bestell ihm schöne Grüße von mir, ich gehe nach Hause«, sagte ich.

»Bist du dir sicher? Ich weiß, dass die Sache für ihn jetzt ausgestanden ist.«

»Für mich nicht!« Ich trat über die Schwelle, zog die Tür hinter mir zu und lief alleine nach Hause. Die Busse fuhren nicht mehr, es würde also ein langer Weg werden. Tief in Gedanken versunken kam ich zu Hause an. Ich schob die Schiebetür auf und ging wie betäubt nach oben. Ich heulte in einem fort. Was an diesem Abend geschehen war, tat mehr weh als der Schlag, den ich von ihm am Taxi bekommen hatte. Offensichtlich lernte ich gerade eine ganz neue Seite von ihm kennen, die ich bisher noch nie an ihm gesehen hatte. Im Bett heulte ich mich in den Schlaf.

Langsam öffnete ich die Augen und blickte direkt in das Gesicht des schlafenden Mike. Ich hatte nicht mal gemerkt, dass er nach Hause gekommen war, aber ich spürte immer noch meinen Ärger darüber, dass er mich gestern Abend beleidigt hatte. Ich stieg aus dem Bett, hob meine Sachen vom Boden auf und zog sie an. Mir war es egal, ob Mike wach wurde, ich nahm keine Rücksicht auf ihn und beschloss, ein schönes warmes Bad zu nehmen. Während ich am Wasserhahn die Temperatur regelte, schaute ich mich um, ob es irgendwo Badeschaum gab. Recht schnell kam ich zu dem Schluss, dass derartiger Luxus hier nicht zu haben war. Also lief es eben auf ein Bad mit klarem Wasser hinaus.

Das Wasser schoss mit ziemlicher Geschwindigkeit aus dem Hahn, aber ich sah, dass mir noch Zeit blieb, auf die Toilette zu gehen. Geräuschvoll ging ich die Treppe hinab und setzte mich aufs Klo. Es machte mir richtig Spaß, mal keine Rücksicht auf Mike zu nehmen. Als ich nach dem Toilettenpapier greifen wollte, griff ich ins Leere. Neben mir lag ein Stapel Zeitungspapier. Na gut, das musste auch reichen.

Mit großen Sprüngen ging es wieder die Treppe hinauf. Ich sorgte dafür, dass ich noch mehr Krach machte. Es entspannte mich hervorragend. Ich konnte einfach nicht aufhören. Mit beiden Füßen sprang ich in den Flur und stieß extra gegen die Badezimmertür, als ich sie öffnete.

Ich hatte die Türklinke noch in der Hand, als ich sah,

dass Mike zufrieden in der Badewanne lag. Natürlich sah er genau, wie überrascht ich war, aber er sagte nur: »Guten Morgen. Gut geschlafen?«

Ich starrte ihn nur an und wusste nicht, was ich tun sollte. Eigentlich war es ziemlich spaßig, ihn da so zu sehen.

»Hast du etwa gedacht, dass ich nicht gehört habe, welchen Krach du gemacht hast? Bei diesem Getöse konnte ich schlecht im Bett liegen bleiben, deshalb bin ich schon mal in die Badewanne gestiegen. Oder war das nicht deine Absicht?«

Ich sagte immer noch nichts. Eigentlich wollte ich wieder gehen. Ich hatte keine Lust, mir seine Sprüche anzuhören, doch es schien, als könnte ich meine Füße nicht bewegen.

»Wenn du schon nichts zu sagen hast«, fuhr Mike fort, »kannst du dich ja wenigstens zu mir setzen.«

»Glaubst du etwa, ich komme zu dir in die Wanne?«, fragte ich böse.

Mike stand auf. Das Wasser tropfte an ihm herab, und bevor ich wusste, wie mir geschah, hatte er mich gepackt, und ich hing in seinen Armen. Er ließ sich genauso schnell ins Wasser zurückfallen, wie er aufgestanden war. Ich wurde klatschnass, samt Kleidung.

Lächelnd schaute ich ihn an. Mit durchdringendem Blick sagte er: »Tut mir leid wegen gestern.«

Als ich den Mund öffnete, um ihm zu antworten, schloss er ihn mit seinen Lippen. Langsam befreite er mich von den nassen Kleidern. Die Schmetterlinge in meinem Bauch tobten. In solchen Momenten konnte Mike mich alles um mich herum vergessen lassen, sogar die Tatsache, dass er mich gestern dermaßen verletzt hatte.

Wir liebten uns, bis das Wasser kalt war. Nachdem wir uns angezogen und Kaffee getrunken hatten, schlug ich vor, einkaufen zu gehen. Schließlich hatte das Sozialamt gerade gezahlt, und deshalb konnten wir jetzt wieder Essen für diese Woche besorgen.

»Ich gehe heute Nachmittag kurz in den Supermarkt«, meinte Mike.

»Soll ich eine Liste mit den Sachen machen, die wir brauchen?«, fragte ich.

»Nein, ich weiß schon, was wir brauchen. Überlass das ruhig mir.«

Während Mike zum Einkaufen unterwegs war, räumte ich ein bisschen im Haus auf. Sämtliche Kleider, die auf der Erde herumlagen, steckte ich in die Waschmaschine. Waschmittel war nirgends zu finden. Ich hoffte, Mike würde es mitbringen, dann konnte er mir auch gleich erklären, ob ich die Wäsche richtig einsortiert hatte. Es war das schließlich das erste Mal, dass ich mich um die Wäsche kümmerte.

Als ich mit dem Haus fertig war und schon jede Menge Kaffee getrunken hatte, hielt ich es vor Hunger nicht länger aus. Ich hoffte, Mike würde jeden Moment nach Hause kommen. Schließlich griff ich doch wieder nach einer Scheibe altem Brot.

Der Nachmittag verstrich, und Mike kam nicht nach Hause. Es wurde Abend, und ich hatte immer noch nichts von Mike gehört. Der Hunger wollte nicht weichen. Also ging ich in die Küche und holte ein paar Flaschen Bier aus dem Kühlschrank, schließlich ersetzten die ein paar Scheiben dunkles Brot. Das Bier stieg mir schnell zu Kopf, also beschloss ich, mich ein wenig aufs Sofa zu legen.

Die Schiebetür ging auf, und ich schoss hoch. Mike, dachte ich. Falsch. Es war Kelly, die hereinkam.

»Hallo!«, begrüßte sie mich.

»Hallo!«, sagte ich »Ich dachte, es wäre Mike.«

»Warum?« Sie setzte sich neben mich.

»Er wollte heute Nachmittag nur kurz einkaufen gehen und ist bis jetzt nicht zurückgekommen«, erklärte ich.

»Weißt du denn nicht,«, fragte sie erstaunt, »dass Mike im Jugendzentrum sitzt?«

»Im Jugendzentrum? Was macht er denn da?«

»Wenn er Geld eingesackt hat, lässt er sich immer als Erstes im Jugendzentrum volllaufen.«

»Das ist doch nicht dein Ernst!«, sagte ich ungläubig. »Er sollte Einkäufe für uns machen. Ich habe wahnsinnigen Hunger, ich fresse verdammt noch mal schon das Brot vom Hund!«

»Stimmt das? Ich weiß, dass er immer erst seine offenen Rechnungen in der Frittenbude und im Jugendzentrum bezahlt.«

Ich glaubte, nicht richtig zu hören. Mike hatte mich aus dem Internat geholt und wollte für mich sorgen. Und jetzt stellte sich heraus, dass ich selbst zusehen musste, wie ich zurechtkam. Wütend stampfte ich in die Küche und stellte die Waschmaschine ohne Waschmittel an. Mike war das sowieso egal, und mir in Zukunft auch.

Kelly kam in die Küche und sah, dass mir die Tränen über das Gesicht liefen. »Ich bringe dir morgen etwas frisches Brot mit. Ist das in Ordnung?«, sagte sie tröstend.

Ich nickte, weinte aber weiter.

Kelly blieb bei mir, bis ich mich etwas beruhigt hatte, und ging dann nach Hause. Sie versprach mir, morgen wiederzukommen und mir ein paar Butterbrote mitzubringen.

In der Hoffnung, dass mein Magen danach Ruhe geben würde, trank ich noch ein Bier. Wie viele Flaschen Bier es schließlich wurden, weiß ich nicht mehr. Auf jeden Fall döste ich wieder auf dem Sofa weg.

Ich schreckte hoch und schaute mich um. Aus kleinen Augen sah ich Mike mit einem Karton unter dem Arm hereinkommen. Auch Mike war nicht mehr ganz nüchtern, es war seinem Gang anzumerken.

»Muss ja richtig schön gewesen sein im Jugendzentrum!«, hörte ich mich wütend sagen.

»Mecker hier nicht rum, Kleine!«, schnauzte er zurück.

Ich stand auf und wankte auf ihn zu. Ich riss ihm den Karton aus den Händen und schaute nach, ob er etwas zu essen mitgebracht hatte. Schockiert starrte ich in den Karton. Außer ein paar Bierflaschen und einem Päckchen Kaffee enthielt er nichts.

Die Tränen begannen wieder zu strömen, und ich merkte, dass ich mich nicht mehr zurückhalten konnte. »Du wolltest einkaufen gehen!«, schrie ich. »Hier ist kein Essen, keine Seife, mit der ich mich waschen kann, das Toilettenpapier ist alle, und Waschmittel gibt es auch nicht! Seit ich hier bin, esse ich nichts als altes Brot, das für den Hund bestimmt ist. Und womit kommst du nach Hause? Mit Bier! Um dich abends sinnlos zu besaufen! Und mit Kaffee, um morgens den Kater loszuwerden!«

Ich war so erschüttert, dass ich den Karton etwas zu

heftig auf den Boden stellte. Die Flaschen knallten gegeneinander und zerbrachen. Entgeistert blickte ich auf die Bescherung.

Mike kam mit großen Schritten auf mich zu. Mit beiden Händen packte er mich an den Haaren. Die Kopfhaut begann zu brennen, und einen kurzen Moment lang dachte ich, diese unwirkliche Situation sei nur die Folge meines Alkoholrausches.

Mike riss an meinen Haaren. Ich versuchte, das Gleichgewicht zu halten, um nicht zu fallen. Das kostete mich große Mühe, und ich stieß überall an. Mike zog noch heftiger an meinen Haaren und begann mich nach draußen zu zerren. Ich wollte mich einfach nur befreien, und so riss ich mit aufeinandergebissenen Zähnen und Tränen in den Augen, so gut ich konnte, meinen Kopf zurück. Doch sooft ich es auch probierte, es gelang mir nicht. Mike war zu stark für mich. Mit den Händen versuchte ich das Zerren an den Haaren etwas abzumildern. Mike schleuderte mich nach draußen in den Garten. Mein Gesicht scheuerte über die Kieselsteine vor dem Fenster.

Der Länge nach lag ich auf dem Boden und betastete vorsichtig mein Gesicht. Es tat entsetzlich weh. Wahrscheinlich hatte ich den Fall mit dem Gesicht aufgefangen. Als ich meine Hand anschaute, erschrak ich. Die Hand war voller Blut! Erstaunt schaute ich mich nach Mike um. Er stand in der Öffnung der Schiebetür und hatte eine Flasche Bier am Mund. Mit einem Blick, den ich noch nie an ihm gesehen hatte, blickte er auf mich herab.

Ich begann zu weinen, und mein ganzer Körper zitterte. Ich konnte nicht mehr aufhören. Leise flüsterte ich: »Macht es das leichter?«

Mikes mir unbekannter Blick veränderte sich. Ich hoffte, er würde einsehen, was er gerade getan hatte. Doch das Gegenteil war der Fall. Er nahm die Bierflasche vom Mund und schleuderte sie mit voller Wucht auf mich. Ich konnte nicht ausweichen. Mir wurde schwarz vor Augen.

Am nächsten Morgen betrachtete ich mein Spiegelbild mit gemischten Gefühlen. Mit einem kalten Waschlappen tupfte ich die blaue, blutige Schürfwunde an meiner Schläfe ab. Jedes Mal, wenn der Lappen die Stelle berührte, zuckte ich vor Schmerz zusammen. Die Wunde musste gereinigt werden, also musste ich wohl oder übel die Zähne zusammenbeißen.

Ich war total sauer auf Mike, und ich hatte furchtbare Angst vor ihm. Ich verstand nicht, wie er mir das hatte antun können. Liebte er mich denn nicht? Er wollte doch für mich sorgen! Er hatte gesagt, bei ihm würde ich es besser haben als im Internat!

Vielleicht war gestern der Alkohol schuld gewesen, versuchte ich mich zu beruhigen. Morgens war Mike immer so lieb und fürsorglich. Dann schwebte ich auf Wolke sieben, so ein wahnsinnig gutes Gefühl vermittelte er mir dann. Doch je länger der Tag andauerte, desto stärker bekam ich zu spüren, wie bei ihm die innere Anspannung unter dem Einfluss der vielen flüssigen Butterbrote zunahm. Ich hoffte, ihn bald davon überzeugen zu können, dass richtiges Brot besser für ihn wäre. Doch tief in meinem Herzen wusste ich, dass es mir nicht gelingen würde.

Vielleicht hatte ich die Situation gestern ja auch selbst heraufbeschworen. Vielleicht hätte ich wegen der paar Einkäufe nicht so wütend werden sollen. Dann wäre vielleicht überhaupt nichts passiert. Wenn ich verhindern wollte, dass das noch einmal passierte, würde ich künftig sehr vorsichtig sein und meine Zunge zügeln müssen.

Ich hörte Mike im Schlafzimmer herumpoltern. Der Schweiß brach mir aus. Ich hielt den Atem an und wartete gespannt, was passieren würde. Ich hörte, wie er langsam auf das Badezimmer zukam. Das Herz schlug mir bis zum Hals. Wie betäubt starrte ich auf die Türklinke. Langsam bewegte sie sich nach unten, und die Türe öffnete sich langsam.

Mike erschien in der Türöffnung. Erschrocken schaute er mich an. Ich wendete sofort mein Gesicht ab und blickte ins Waschbecken. Mike kam ins Badezimmer und griff vorsichtig nach meinem Kinn. Er drehte meinen Kopf so, dass er ihn von der Seite betrachten konnte. Ich wagte ihn nicht anzuschauen und schloss die Augen.

»War ich das?«, fragte er mit bebender Stimme.

Jetzt schaute ich doch hin. Er widerte mich an. Aber ich hatte auch noch nie dermaßen große Angst vor ihm wie in diesem Moment.

Die Angst musste in meinen Augen zu lesen sein, denn Mike begann zu weinen. Er brüllte und schluchzte wie ein kleines Kind.

»Ich verstehe nicht, wie ich das gestern habe tun können«, sagte er unter Tränen. »Ich könnte mir in den Hintern beißen! Wie kann ich nur jemanden, den ich so sehr liebe, derartig zurichten?«

Ja, das fragte ich mich auch.

Mike musste meinen Zweifel bemerkt haben, denn er fragte sofort: »Du glaubst mir doch, wenn ich sage, dass ich dich liebe?«

Ich wusste nicht mehr, wo mir der Kopf stand. War ich

doch so wichtig für ihn, hatte er das alles gar nicht so gemeint?

»Ich werde es ganz bestimmt nie wieder tun. Das hätte niemals passieren dürfen«, sagte Mike.

»Nie mehr?«, fragte ich leise.

Mike nahm mich in die Arme. »Nie mehr! Ich bin doch da, um dich zu beschützen. Sogar mein Leben würde ich für dich geben«, sagte er.

Ich presste mein schmerzendes Gesicht an seine Brust. Ich hörte sein Herz schlagen. Er meint es bestimmt ernst, dachte ich, sonst würde er sich nicht so aufregen. Wenn jemand sagt, dass er sein Leben für einen geben würde, dann muss er ihn schon sehr lieben. Ich spürte, wie mir die Tränen über die Wangen liefen.

Ohne mich auch nur einen Moment loszulassen, fragte Mike: »Du glaubst mir doch?«

»Ja, ich glaube dir.«

»Schön. Dann werden wir jetzt als Erstes dafür sorgen, dass man die Wunde nicht mehr sieht.«

Mike nahm meine Hand und zog mich ins Schlafzimmer. Am Bett ließ er mich los und sagte: »Setz dich hin. Es gibt hier noch ein paar Sachen von Karin. Ich werde mal nachschauen, ob nicht auch noch etwas Make-up dabei ist. Damit werden wir das schon wegkriegen.«

Ich setzte mich aufs Bett und wartete ab, was Mike tun würde. Richtig professionell trug er das Make-up auf mein Gesicht auf. Das Resultat konnte sich sehen lassen, als ich es im Spiegel begutachtete. Da war kaum noch etwas von der Wunde zu erkennen. Nur der Schmerz erinnerte mich noch an den gestrigen Vorfall.

Mike war anzumerken, dass er sich Mühe gab, das Geschehene vergessen zu machen. Ich spürte aber auch, dass ich dazu nicht in der Lage war. Es war, als wäre etwas zerbrochen.

Gegen fünf Uhr verschwand Mike, um eine Überraschung für mich zu besorgen. Ich war froh, dass er eine Weile weg war. So konnte ich wenigstens kurz Atem holen, ohne jedes Wort auf die Goldwaage legen zu müssen. Sofort ging ich zum Spiegel, um mir mein Gesicht noch einmal anzuschauen. Ich berührte die Wunde. Es tat immer noch weh. Als ich das Make-up wegwischte, war der Abdruck der Flasche deutlich zu erkennen. Wieder musste ich weinen. Während mir die Tränen über das Gesicht strömten, hörte ich von unten: »Hallo, ist da jemand?«

Es war Kelly.

Schnell antwortete ich, ich sei oben und würde gleich kommen. Wie der Blitz flitzte ich in Mikes Zimmer und schnappte mir das Make-up. Hastig schmierte ich mir etwas davon ins Gesicht und lief nach unten. Ich wollte nicht, dass Kelly etwas sah, geschweige denn etwas darüber erfuhr, denn ich schämte mich. Ich tat, als sei alles ganz normal, und begrüßte sie fröhlich.

»Schau mal, was ich dir mitgebracht habe«, sagte sie und zeigte mir eine Tasche. Neugierig sah ich zu, wie sie die Tasche auspackte. Als Erstes kam eine Rolle Toilettenpapier zum Vorschein. »Das ist auch in meinem eigenen Interesse«, sagte sie lachend.

Vor Freude hätte ich einen Luftsprung machen können. Endlich etwas Luxus.

»Tut mir leid, ich weiß, dass ich dir heute Morgen Brot

hätte bringen sollen, aber ich konnte nicht kommen. Deshalb habe ich es jetzt mitgebracht«, sagte sie und holte ein Paket Brot aus der Tasche. Gierig griff ich danach. Im Nachhinein war es nur gut, dass sie nicht schon morgens gekommen war. Ich wusste nicht, was ich dann hätte sagen sollen.

Danach zog Kelly eine Flasche Shampoo aus der Tasche. »Die ist für morgen. Ich würde nämlich gern hier schlafen. Ist das in Ordnung?«

»Ja, prima! Und herzlichen Dank!«, sagte ich, während ich innerlich jubelte wegen der Dinge, die sie mir mitgebracht hatte. Und weil sie hier übernachten wollte, denn dann konnte ich für einige Zeit alles vergessen. Außerdem war ich in Sicherheit, solange Kelly hier war, und das beruhigte mich. Mit großer Begeisterung räumte ich die Mitbringsel weg.

Plötzlich sagte Kelly: »Du, vor Kurzem habe ich deine Mutter gesehen. Ich glaube, sie hat einen neuen Hund.«

Ich wusste nicht, was ich erwidern sollte. Seit dem letzten dramatischen Telefonat hatte ich nicht mehr mit ihr gesprochen. Durch Paula, die ich ein Mal angerufen hatte, hatte ich erfahren, dass sie schon vor einiger Zeit umgezogen war, mir gegenüber hatte sie aber nichts davon verlauten lassen. Daraus schloss ich, dass sie es ernst meinte und nichts mehr mit mir zu tun haben wollte. Als Kelly jetzt plötzlich damit anfing, merkte ich, dass es mir nicht egal war. Ich beschloss, sie sofort anzurufen, da Mike gerade nicht da war.

Nach dem ersten Klingeln war meine Mutter am Apparat. »Hallo?«

»Hallo, hier ist Merel.«

»Ach, du bist es«, sagte meine Mutter überrascht. Glücklicherweise klang sie freundlich, und alles in allem verlief das Gespräch ganz ordentlich. Wir redeten über ihren neuen Hund und allerlei Nebensächlichkeiten. Sie schimpfte, dass ihr Wagen aufgebrochen und das Autoradio geklaut worden sei. Ich fragte mich, weshalb sie mir das mitteilen musste, aber gut, zumindest gab es wieder eine Art Kontakt. Zum Abschied sagte meine Mutter, ich könne, sooft mir danach sei, zum Essen kommen. Ich antwortete, dass ich das bestimmt tun würde. Nachdem ich jetzt wusste, wie wenig ich bei Mike zu essen bekam, war das gar keine so schlechte Idee.

Kelly machte gerade in der Küche Kaffee, als die Schiebetür aufging. Mike und Job betraten das Zimmer. Mike hatte eine Papiertüte bei sich, aus der der herrliche Duft von Pommes frites strömte. Ich versteckte meine kostbaren Butterbrote in einer Ablage unter der Kellertreppe, für später, wenn es wirklich nichts mehr zu essen geben sollte. Mir war klar geworden, dass Mike einzig und allein für sich selbst sorgte, was das Essen betraf, folglich musste ich das in Zukunft ebenfalls tun.

»Kommst du essen?«, hörte ich Mike rufen.

Er wird wohl nicht mich gemeint haben, dachte ich. Doch ich sah, dass auch Kelly nicht reagierte. Mike streckte seinen Kopf um die Ecke der Küchentür und sagte: »Kommst du? Ich habe extra für dich Essen geholt.«

Ich glaubte, nicht richtig gehört zu haben, und wie der geölte Blitz war ich an der Tasche, die auf dem Tisch stand. Gierig aß ich alles auf, was für mich bestimmt war.

Schließlich konnte es auch das letzte Mahl sein, das ich bekam, daher genoss ich es doppelt. Insgeheim fühlte ich mich unheimlich reich, da ich meine beiden Butterbrote mit Schmierkäse gut versteckt hatte.

Job schaute erstaunt zu, mit welchem Heißhunger ich alles in mich hineinstopfte. »Wann hast du zum letzten Mal gegessen?«, fragte er.

»Heute Morgen.«

»Und was hast du da gegessen?«

»Brot für den Hund«, sagte ich mit dem Mund voller Pommes.

Job schaute Mike mit hochgezogenen Augenbrauen an. »Du sorgst doch wohl gut für sie?«, fragte er ein bisschen ungehalten.

»Das siehst du doch«, sagte Mike gelassen.

Nach dem Essen machte sich Mike wieder an sein Bier. Inzwischen hatte ich kapiert, dass er nicht nur trank, um seinen Hunger zu stillen. Schließlich hatte er gerade erst gegessen. Allerdings fiel mir auf, dass er mehr trank als sonst. Ich hatte große Angst vor dem, was noch kommen konnte. Doch an und für sich war der Abend nicht ungemütlich, die Atmosphäre war ziemlich entspannt.

Gegen zehn kam Barbara zu Besuch. Mike fragte sie mit schwerer Zunge, ob sie ein Bier haben wollte. Sie schaute kurz auf den Tisch, um zu sehen, ob dort noch volle Flaschen standen und sie sich eine nehmen konnte. Mike bemerkte es und sagte: »Ich muss sowieso in die Küche. Ich brauche auch noch eins.«

Barbara nickte und unterhielt sich munter mit uns.

Kurz darauf kam Mike mit den Flaschen zurück. Er setzte sie etwas zu heftig auf dem Tisch ab.

Es wurde still. Alle Blicke ruhten auf Mike.

»Hast du es hinter dir?«, fragte Barbara.

Mike schaute sie giftig an und antwortete: »Ich verzieh mich nach oben.« Schwerfällig stampfte er die Treppe hinauf. Ich gab einen tiefen Seufzer von mir. Eine Last fiel von mir ab. Solange er da oben lag und schlief, brauchte ich keine Angst zu haben. Ganz sicher nicht, wenn Kelly hier übernachtete.

Jetzt war die Atmosphäre noch entspannter. Barbara lernte ich auf angenehme Weise näher kennen, auch Job. Die beiden kamen gut miteinander aus. Barbara meinte, sie hätte heute keine Lust, noch zu arbeiten. Andererseits wartete Ron auf Geld, da die Miete für das Zimmer bezahlt werden musste.

»He«, sagte Job ausgelassen, »ich habe eine Idee. Wenn ich meinen Vater anrufe und ihm verklicker, dass ich dein Zuhälter bin und für ihn einen Freundschaftspreis regele, dann hast du wenigstens das Geld für Ron.«

Barbara dachte kurz darüber nach. »Ja, die Idee ist gar nicht mal so schlecht. Aber dann müssen wir ganz sicher sein, dass Mike oben nichts merkt, sonst erzählt er es sofort Ron.«

»Ja, da hast du Recht«, sagte Job. »Weißt du was? Ich ruf meinen Alten mal eben an.« Er schaute zu mir herüber. »Gehst du nach oben und guckst, ob Mike schläft?«

»Wird gemacht. Kommst du mit?«, fragte ich Kelly.

Zusammen gingen wir nach oben. Wir kicherten nervös, denn das war natürlich alles ziemlich aufregend.

Ganz vorsichtig öffneten wir die Tür zu Mikes Schlafzimmer. Sein Schnarchen war deutlich zu hören. Er lag ausgestreckt auf dem Bett und schlief. Plötzlich hörte das Schnarchen auf, und es schien, als atme er nicht mehr. Ich erschrak und schrie: »Er ist tot! Kelly, er atmet nicht mehr!«

Ich rannte zu ihm und schüttelte ihn. Mike gab keinen Mucks von sich und war so schlaff wie ein nasser Sack. Ich riss die Decke weg, und wir beobachteten mit angehaltenem Atem seine Brust.

»Da«, sagte Kelly lachend, »er atmet ganz langsam. Der ist einfach total besoffen.«

Erleichtert atmete ich tief durch. »Na schön, das passt doch hervorragend«, sagte ich. »Wenn er noch nicht mal durch das Rütteln wach wird, dann brauchen wir uns keine Gedanken zu machen, dass er etwas davon mitkriegt, was unten vor sich geht.«

»Ja, das stimmt. Komm, lass uns runtergehen und es den anderen erzählen.«

Unten bekamen wir gerade noch mit, wie Job das Telefongespräch beendete. »So, in einer Viertelstunde ist er hier«, sagte er zu Barbara. »Und wie sieht es oben aus?«, fragte er uns.

»Er ist platt wie 'ne Flunder. Der merkt nichts«, teilte ich mit.

»Na, dann ist ja alles klar. Ihr geht am besten nach oben, bevor mein Vater reinkommt, und passt auf, dass Mike nicht aufwacht. Falls er doch wach werden sollte, wirst du deinen ganzen Charme aufbieten müssen, um ihn abzulenken, Merel. Meinst du, das schaffst du?«

Mir wurde ganz heiß, doch ich ließ es mir nicht anmerken. »Ich denke, das müsste klappen«, sagte ich. Eigentlich war ich der Meinung, dass es nicht meine Aufgabe war, seine Probleme zu lösen. Aber na ja, was soll's, dachte ich.

Kelly und ich gingen nach oben, setzten uns auf die Treppe und warteten gespannt. Ein wenig später klingelte es an der Haustür. Kelly und ich wagten kaum zu atmen, so groß war unsere Angst, dass Jobs Vater uns erwischen könnte.

Wir hörten Job seinen Vater begrüßen. Was sie genau sagten, konnten wir nicht verstehen. Kelly und ich schauten uns an, als es im Flur plötzlich still wurde.

»Was jetzt?«, flüsterte Kelly.

Ich zuckte mit den Achseln. »Ich weiß es auch nicht. Was meinst du?«

Die Wohnzimmertür wurde geöffnet. Es war Job, der Bier für Barbara holte. Sie brauchte es wohl, weil sie es etwas unheimlich fand, in der Wohnung ihres Exmanns Geld zu verdienen.

»Alles in Ordnung da oben, die Damen?«, fragte Job.

»Ja«, sagte Kelly, »nur ein bisschen langweilig.«

»Dann kommt nach unten, wenn die Luft rein ist«, sagte Job.

Eine Viertelstunde später gingen wir doch nach unten. Wir konnten es nicht lassen, heimlich an der Tür zu lauschen, wo wir alles besser mitbekamen. Vorsichtig legten wir ein Ohr an die Tür, von drinnen war heftiger Lärm zu hören.

»Ob die Krach miteinander haben?«, flüsterte ich.

»Sieht fast so aus.«

»Was, du hast kein Geld bei dir?«, hörten wir Job laut sagen.

Die Tür ging auf. Kelly und ich standen noch gebückt an der Tür, als Jobs Vater vor uns auftauchte. Er schaute uns verblüfft an. Kelly und ich liefen rot an wie die Krebse.

Job stürmte hinter seinem her. Er schrie uns an: »Verdammt noch mal! Ich habe euch doch gesagt, dass ihr bei dem Kunden bleiben solltet!«

He, was soll das denn?, dachte ich völlig verblüfft.

»Tut mir leid, Pa, aber das sind zwei andere Mädchen von mir. Anita und Mary. Wie du siehst, müssen sie noch eine Menge lernen«, fuhr Job hastig fort.

Seinen Vater schien das alles nicht sehr zu beeindrucken, er schaute uns nicht einmal an. Er ging einfach weiter durch den Flur zur Haustür. Mit der Türklinke in der Hand blieb er kurz stehen und warf Job einen durchdringenden Blick zu. »Sieh zu, dass du die beiden schnell loswirst. Die sind doch noch blutjung, da kriegst du nur Scherereien«, sagte er.

»Mecker hier nicht rum, Pa«, sagte Job. »Holst du jetzt das Geld, oder wie ist das?«

»Ja, ja!«

Job begleitete seinen Vater nach draußen. Kelly und ich gingen ins Wohnzimmer zu Barbara.

»Was ist passiert?«, fragte ich.

»Du wirst es nicht glauben. Der hätte doch fast eine Nummer geschoben, obwohl er nicht einen Pfennig bei sich hatte. Zum Glück habe ich von Ron gelernt, dass man erst das Geld verlangen muss, sonst kann es dir passieren, dass sie dich nie bezahlen.

Ich wagte Kelly nicht anzusehen. Was Barbara erzählte, war alles vollkommen neu für mich. Ich hatte wahrscheinlich keinen blassen Schimmer, wie es im Leben zuging.

Während sie sich eine Zigarette anzündete und uns mit der anderen Hand die Schachtel hinhielt, damit wir auch eine herausnehmen konnten, fragte Barbara: »Wie sieht's oben aus? Hat er nichts gemerkt?«

»Nein, der ist völlig außer Gefecht«, beruhigte ich sie.

»Glaubt mir, wenn der dahinterkommt, was hier los war, ist hier die Hölle los. Ich habe keine Angst vor ihm. Er weiß, dass er mich lieber nicht bedrohen sollte. Aber euch wird er es übel nehmen. Sorgt mit Job dafür, dass ihr aus der Schusslinie bleibt.«

Es klang ziemlich dramatisch, aber ich wusste, dass sie Recht hatte. Glücklicherweise wechselten wir das Thema, und bald schon lachten wir ein bisschen über alles Mögliche.

Job kam wieder zurück. Barbara fragte sofort: »Wo ist dein Alter?«

»Tja, der ist mir der Richtige«, sagte Job. »Wenn ich das gewusst hätte. Ich bin im Auto sitzen geblieben und habe gewartet, während er ins Haus gegangen ist, um das Geld zu holen. Als er wieder rauskam, hat er die Flitze gemacht. Der Alte ist noch wieselflink. Er ist in eine kleine Gasse abgetaucht. Ich bin noch hinterhergerannt, habe ihn aber nicht gefunden. Tut mir leid, Barbara, das Geld ist dir leider durch die Lappen gegangen. Der kommt bestimmt nicht mehr zurück.«

»Arschloch!«, war Barbaras einziger Kommentar.

Während der nächsten Tage war Mike wahnsinnig lieb zu mir. Schnell hatte ich vergessen, wie gewalttätig er werden konnte, wenn er getrunken hatte. Er gab mir das Gefühl, ich sei sein Engelchen. Die wichtigste Person des ganzen Erdenrunds. Er packte mich in Watte. Ich genoss das natürlich unheimlich, denn zu Hause hatte ich das so lange nicht mehr erlebt. Meine Mutter hatte mit meinem Stiefvater und meinem kleinen Bruder genug am Hals gehabt. Mein Vater hatte eine neue Familie. Aber bei Mike war ich eine wichtige Person! Das war ein herrliches Gefühl. Ich wandelte wie auf Wolken.

»Heute Abend kommen Kelly und Job«, sagte Mike, während ich auf dem Sofa lag und er meinen Rücken massierte.

»Aha«, sagte ich abwesend, und ich genoss die warmen Hände auf meinem Rücken.

Mike unterbrach die Massage und sagte: »Wir werden heute Abend einen Bruch vorbereiten.«

Erschreckt richtete ich mich auf und lehnte mich im Sofa zurück. »Was soll das heißen, ihr bereitet einen Einbruch vor?«, stammelte ich.

»Wir brauchen Geld«, sagte er, als würde er mit einem kleinen Kind sprechen.

»Kommen wir denn nicht auch so zurecht?«

»Job braucht auch Geld«, sagte er kurz angebunden.

Okay, dachte ich, jetzt muss ich verdammt vorsichtig

sein mit dem, was ich sage. Ich musste mir etwas einfallen lassen, um vom Thema abzulenken. »Möchtest du Kaffee?« Ich stand auf und ging in die Küche.

Mike murmelte irgendetwas. Ich wertete es als Zustimmung. Während ich an die Anrichte gelehnt dastand und auf die Kaffeekanne starrte, konnte ich nur an eine Sache denken: an den Einbruch, den sie planten. Weshalb erzählte mir Mike davon? Ich würde auf keinen Fall mitmachen. Kelly wollte abends kommen, daher hoffte ich, dass ich gemeinsam mit ihr etwas unternehmen konnte, um uns vom Ort des Einbruchs fernzuhalten.

Im Wohnzimmer hörte ich die Schiebetür auf- und zugehen. Ich schaute kurz um die Ecke, aber es war niemand da. Mike war verschwunden.

Gegen halb sieben kam Kelly herein. »Hallo, Merel!«, sagte sie fröhlich. »Alles paletti?«

»Hm, nicht wirklich.«

»Oh, erzähl, was ist?«, fragte sie neugierig. Sie setzte sich neben mich. Ich berichtete, was Mike am Nachmittag gesagt hatte.

»Spannend!« Kelly klang aufgeregt.

»Das ist doch wohl nicht dein Ernst.« Ich rückte etwas von ihr ab. »Das geht nicht, du kannst da nicht mitmachen. Das wird ja immer verrückter hier. Irgendwann geht was schief, und dann hängen wir mit drin.«

»Nein, keine Angst, wir gehen nicht mit, dann kann man uns nichts anhaben, wenn sie geschnappt werden. Zur Sicherheit schlafe ich heute Nacht hier«, beruhigte sie mich.

Kurze Zeit später kamen Job und Mike durch die Schiebetür, mit einer Tasche voller Essen. Es roch phantastisch, chinesisch. Ich konnte mich nicht erinnern, wann ich so etwas zum letzten Mal gegessen hatte. Aber ich war erstaunlich schnell satt, ganz so, als könne ich immer weniger essen, obwohl ich doch solchen Hunger hatte. Auf jeden Fall war der Abend sehr gemütlich, und es wurde viel gelacht.

Mit der guten Stimmung war es schnell vorbei, als Job plötzlich sagte: »Lasst uns kurz besprechen, welche Rolle die Mädchen spielen sollen.«

Kelly und ich schauten uns an. »Wieso Rolle?«, fragte Kelly. Zu meinem Entsetzen war sie begeistert.

»Also«, fuhr Job fort, »ich habe mir gedacht, dass du und ich vor dem Haus Schmiere stehen, sodass Mike reingehen kann.«

»Klasse!«, sagte sie. »Und wie machen wir das?«

»Wir tun so, als ob wir ein verliebtes Pärchen sind. Ein bisschen schmusen und knutschen. Wenn wir etwas Verdächtiges sehen, muss Merel Mike warnen.«

Ich war dermaßen schockiert über die Tatsache, dass ich eine Rolle bei dem Ganzen spielen sollte, dass irgendetwas in mir in Aufruhr geriet. Ich lief durchs Zimmer, stampfte mit dem Fuß auf, schrie und machte Kelly Vorwürfe. Mike knallte seinen Teller wütend auf den Tisch und schaute mich mit großen Augen an. Ich fühlte mich wie gelähmt, ich wusste, dass ich meine Worte jetzt sehr genau wählen musste. Doch meine Wut ließ mich jede Gefahr vergessen, und ich glaubte mich sicher, da Job und Kelly anwesend waren. Ich pokerte hoch. »Macht, was ihr wollt«, schrie ich, »aber ich mache nicht mit! Ich bleibe hier!«

Mike lief feuerrot an. Er packte mich am Arm und schleifte mich in die Küche. Er brüllte, ich sei undankbar, und verstärkte den Griff seiner Hand um meinen Arm.

»Du tust mir weh!«, sagte ich mit piepsiger Stimme. Ich wusste, dass ich einen Fehler begangen hatte.

Mit einem Ruck ließ er mich los. Wütend stakste er aus der Küche.

»Sie kommt mit«, hörte ich ihn zu Kelly und Job sagen. Ich rieb mir den schmerzenden Arm und erkannte, dass mir keine Wahl blieb.

An diesem Abend standen Job und Kelly vor der Fassade eines kleinen Bürogebäudes und schmusten. Mike bearbeitete mit einem Schraubenzieher einen Fensterrahmen. Ich konnte mich kaum auf den Beinen halten, so viel Angst hatte ich. Ich merkte, dass ich die Beherrschung verlor. Ich dachte an nichts anderes mehr, als dass ich noch am besten wegkäme, wenn ich ganz schnell weglaufen würde.

Während Mike ganz vorsichtig und konzentriert den Schraubenzieher im Spalt neben dem Fensterrahmen platzierte, bewegte ich mich Schritt für Schritt von ihm weg. Als ich ein paar Meter Abstand gewonnen hatte, drehte ich mich um und rannte, so schnell ich konnte, davon.

»Scheiße!«, hörte ich Mike hinter mir schreien. Ich wusste, dass ich jetzt sehr schnell würde laufen müssen. Doch sosehr ich mich auch bemühte, Mikes Schritte wurden immer lauter, und das bedeutete nichts anderes, als dass er mich beinahe eingeholt hatte. Als ich schließlich in eine Gasse flüchtete, wurde mir schlagartig klar, dass ich verloren hatte: Es war eine Sackgasse. Vor Schreck stolperte ich und fiel zu Boden.

Ich wollte mich umdrehen, um zu sehen, wie nah Mike war, doch es war schon zu spät. Bevor ich mich überhaupt rühren konnte, saß er auf mir. Er schrie alles Mögliche und presste meine Handgelenke neben meinem Kopf auf das Pflaster. Er ließ mich nur einen kurzen Moment los, um nach dem Schraubenzieher zu greifen, den er hatte fallen lassen. Ich hoffte, die Gelegenheit nutzen zu können und auf die Beine zu kommen, doch ich war nicht schnell genug. Er hatte meine Hände schon wieder gepackt.

Plötzlich sah ich, dass sein Gesicht bleich wurde. Erstaunt blickte er in mein Gesicht und danach auf meine Hand. Als ich auch dorthin schaute, bekam ich einen riesigen Schreck. Meine ganz Hand war blutig! Aber ich spürte doch nichts, wie war das möglich? Woher kam das ganze Blut?

Mike stieg von mir herunter und stand auf. Das gab mir die Möglichkeit, mich aufzurichten. Ich betrachtete meine Hand. Ich wollte das Blut wegwischen, doch es funktionierte nicht. Es blutete immer weiter.

Da erst begriff ich, dass Mike mich mit dem Schraubenzieher attackiert hatte. Wie ein ängstliches Vögelchen schrie ich mit entsetzter Piepsstimme: »Du hast mich verletzt! Du hast mich verletzt!« Wie oft ich das wiederholte, weiß ich nicht mehr, aber mit jedem Mal wurde Mike blasser im Gesicht. Er begann zu weinen und schluchzte, das habe er nicht gewollt. Mein einziger Gedanke war, dass ich es selbst herausgefordert hatte. Ich wusste verdammt gut, dass es ab dem Moment, als mir befohlen worden war, bei dem Einbruch mitzumachen, ernst werden würde. Weshalb hatte ich auch so dickköpfig sein müssen?

Während ich versuchte, das Blut mit meinem T-Shirt zu stillen, fragte ich, wo Job und Kelly waren.

»Die sind schon lange wieder nach Hause. Die hatten keinen Bock mehr, als du weggerannt bist. Komm«, sagte er und fasste mich am Arm, »wir gehen auch nach Hause. Eine schöne Bescherung ist das.«

Vorsichtig stand ich auf. Ich schaute auf meine Hand, die ich in das T-Shirt gewickelt hatte. Die Wunde blutete in einem fort, das T-Shirt konnte das Blut nicht mehr zurückhalten. In meinen Ohren begann es zu rauschen, als ich aufrecht stand. Bevor ich wusste, was los war, wurde mir schwarz vor Augen ...

Ich versuchte, die Augen zu öffnen, doch das grelle Licht hinderte mich daran. Ich hatte keine Ahnung, woher das Licht kam. Im Hintergrund hörte ich Mike schreien: »Sie kommt zu sich! Jemand muss kommen!«

Endlich wurde mir bewusst, wo ich mich befand. Ich lag in einem kleinen weißen Zimmer, mein Unterarm war in allerlei Verbände und sterile Mullbinden eingepackt. Mehr Zeit, um mich mit meiner Situation anzufreunden, blieb mir nicht. Eine Krankenschwester kam und bat Mike freundlich, aber bestimmt, uns einen Moment allein zu lassen.

Mike kam zu mir und tat so, als wolle er mir einen Kuss geben. Stattdessen flüsterte er mir ins Ohr: »Wenn sie dich fragen, was passiert ist, denk dir etwas aus. Aber mich verrätst du nicht, verstanden?«

Wie betäubt schaute ich ihm nach, als er das Zimmer verließ.

Die Schwester setzte sich neben mein Bett und fragte mit freundlicher Stimme: »Wie fühlst du dich?«

»Es geht so. Wie bin ich hierhergekommen?«

»Dein Freund hat dich gebracht. Er hat uns erzählt, du hättest dich beim Kartoffelschälen geschnitten. Er meint, du wärst durch den Schreck ohnmächtig geworden.«

»Ja, ja, das stimmt«, sagte ich schnell.

»Ich finde die Geschichte etwas seltsam. Ein Kartoffelschäler verursacht nicht eine solche Wunde, und davon fällt man auch nicht gleich in Ohnmacht. Sagen wir mal so«, meinte sie seufzend, »dein Freund ist ein Bekannter von uns und der Polizei. Wir wissen, wozu er imstande ist. Ich denke, dass er dir die Verletzungen zugefügt hat. Dass du ohnmächtig geworden bist, hat mit diesen Verletzungen nichts zu tun. Der Grund dafür ist, dass du unterernährt bist.«

Die letzte Bemerkung erschreckte mich, und ich fragte, woher sie das wisse.

»Wir haben ein paar Bluttests gemacht, nachdem wir deine Wunde behandelt hatten. Du bist sehr dünn und blass. Deine Augen sind ziemlich eingefallen. Die Blutuntersuchung ergab, dass du an Eisenmangel leidest. Dagegen geben wir dir ein Medikament mit nach Hause. Willst du wegen des Vorfalls Anzeige gegen ihn erstatten?«

»Nein!«, sagte ich heftig. »Niemals!«

»Na gut«, fuhr sie fort, »das kann ich nicht für dich entscheiden. Wir werden ein Behandlungsprotokoll schreiben, dazu sind wir verpflichtet. Falls du irgendwann doch noch Anzeige erstatten willst, kannst du die Akte anfordern. Wie auch immer, du kannst wieder nach Hause.« Dann gab sie mir die Tabletten.

Bevor sie das Zimmer verließ, bedankte ich mich für ihre Mühe. Sie antwortete mit einem Augenzwinkern und ging.

Noch während ich mir das Medikament anschaute, kam Mike bereits wieder ins Zimmer.

»Komm!«, sagte er und fasste mich am Arm. »Wir gehen nach Hause.«

Schweigend traten wir den Heimweg an, jeder in seine eigenen Gedanken versunken.

Zu Hause ließ mir Mike beim Betreten des Hauses den Vortritt. Drinnen war es still. Kelly und Job waren nicht da, und das gefiel mir gar nicht. Ich hörte, wie Mike die Schiebetür hinter sich schloss. Ich wollte mich aufs Sofa setzen, bekam jedoch einen kräftigen Stoß in den Rücken, sodass ich vornüber aufs Sofa stürzte.

»Was hast du im Krankenhaus erzählt?«, schrie er mich an.

»Ich habe überhaupt nichts gesagt.«

Mit großen Schritten kam er auf mich zu. Er legte mir beide Hände um den Hals und drückte kräftig zu. »Wie kommst du dann an die Pillen?«, brüllte er.

Ich konnte nicht antworten. Er presste meine Kehle immer stärker zu. Ich spürte heftigen Druck hinter meinen Augen und dachte, der Kopf würde mir platzen. Zum zweiten Mal an diesem Tag begann es in meinen Ohren zu rauschen, und mir wurde schwarz vor Augen.

Muffige, feuchte Luft drang mir in die Nase und entsetzt schloss ich daraus, dass ich unter der Kellertreppe lag. So konnte es nicht weitergehen, ich musste weg von hier. Die gesamte Situation war aus dem Ruder gelaufen. Morgen gehe ich, nahm ich mir vor, bevor ich auf dem kalten Fußboden einschlief.

Mikes Schritte im Flur weckten mich. Gespannt lauschte ich, wohin er ging. Ich war steif, mir war kalt, und jede Bewegung schmerzte. An der Kellertür blieb er stehen, der Schlüssel drehte sich langsam im Schloss. Mike rief, ich könne nach oben kommen. Ich rappelte mich hoch. Es war mühsam. Mein ganzer Körper tat weh. Vorsichtig schleppte ich mich die Treppe hinauf. Es beruhigte mich, dass die Muskeln stärker schmerzten als die Hand.

Müde und ängstlich setzte ich mich auf den Rand des Sofas. »Willst du auch einen Kaffee?«, fragte Mike von der Küche aus.

»Ja, okay«, rief ich zurück. In meinem Magen rumorte es wieder, und ich fühlte mich elend. Meine Gedanken schweiften ab. Ich muss hier weg. Mike ist nicht mehr der Mensch, dem ich mich hingegeben habe. Der alte Mike gab mir ein gutes Selbstwertgefühl, jetzt spüre ich nur noch Angst. Wenn er heute weggeht und mich alleine zurücklässt, haue ich ab, nahm ich mir vor. Nur wusste ich noch nicht, wohin ich mich wenden sollte. Meine Mutter hatte mir unmissverständlich klargemacht, dass ich bei ihr nicht anzuklopfen brauchte, wenn ich bei Mike blieb, und ins Internat konnte ich natürlich auch nicht mehr zurück.

Mike setzte sich neben mich aufs Sofa und reichte mir einen Becher Kaffee. Ich nippte daran und sog den kräftigen Duft ein. Mike machte sich nicht einmal die Mühe, mir einen Blick zu schenken. Er starrte ins Nichts, während er in seinem Kaffee herumrührte.

»Ich habe eine schlechte Nachricht«, brach er das Schweigen.

Die Ankündigung ließ mich kalt. Schlechter als gestern konnte es nicht mehr werden. Ich reagierte nicht.

»Ich muss heute in den Knast, wegen dieser Lappalie mit den ganzen Bußgeldern, die ich nicht bezahlt habe«, sagte Mike.

Mein Herz machte einen Freudensprung. Es war, als breche die Wolkendecke auf und die Sonne begänne zu scheinen. Dies war alles andere als eine schlechte Nachricht! Dies war eine phantastische Nachricht! Heute noch würde ich verschwinden können! Ich sorgte dafür, dass Mike mir meine Freude nicht anmerkte, denn er würde alles daransetzen, um zu verhindern, dass ich wegging.

»Kelly, Job und Ron bringen mich heute zum Gefängnis«, fuhr er fort. »Kommst du auch mit, oder bleibst du lieber zu Hause? Ich kann verstehen, wenn es dir schwerfällt, dort Abschied von mir zu nehmen.«

Jetzt kam es darauf an. Jetzt musste ich wirklich gut schauspielern und so tun, als breche es mir das Herz, wenn er mich verlassen würde.

»Nein, natürlich gehe ich mit, um dich hinzubringen«, sagte ich katzenfreundlich.

Mike nahm mich in den Arm, zog mich an sich und gab mir einen Kuss auf die Stirn. Er ließ mich nicht los. »Ich hatte auch nichts anderes von dir erwartet. Du bist eben doch ein klasse Weib«, flüsterte er begeistert.

Ja, ja, dachte ich, und was gestern geschehen ist, spielt sicher keine Rolle mehr. Mein Herz begann wild zu schlagen, als Mike mich plötzlich hochhob. Ich ahnte, was mir bevorsteht.

Vorsichtig trug mich Mike über die Treppe nach oben. Mit durchdringendem Blick sagte er mit seiner heiseren Stimme: »Lass mich noch einmal spüren, wie sehr du mich liebst. Wer weiß, wie lange das nicht mehr möglich ist.«

Mike legte mich aufs Bett. Ich wusste, dass ich jetzt etwas Furchtbares tun musste. Und ich wusste, dass ich es zu meiner eigenen Sicherheit tun musste. Ich musste mit dem Menschen schlafen, vor dem ich inzwischen die entsetzlichste Angst hatte.

Mike lag neben mir auf dem Bett und schlief. Ich starrte an die Decke. Ich wollte weinen, doch es kamen keine Tränen. In dieser Situation mit Mike zu schlafen war das Schwierigste, was ich jemals getan hatte. Er war grob und brutal, nicht mehr wie früher, wenn wir Liebe gemacht hatten. Ich fühlte mich schmutzig, beruhigte mich aber mit dem Gedanken, dass ich heute die Tür dieses Hauses ein für alle Mal hinter mir zuziehen konnte.

Viel Zeit zum Denken hatte ich nicht. Unten wurde wieder die Schiebetür geöffnet.

»Hallo!«, hörte ich Kelly und Job rufen. Mike wachte sofort auf. Er sprang aus dem Bett und verließ das Schlafzimmer. Ich stolperte ins Badezimmer, um mich etwas frisch zu machen. Während ich den Waschlappen über meinen Körper gleiten ließ, dachte ich an die schönen Dinge, die ich mit Mike erlebt hatte.

Ich dachte an all die herrlichen Liebesakte, an den Spaß, den wir zusammen erlebt hatten, und an dieses Gefühl, etwas Besonderes zu sein, das er mir immer vermittelt hatte und das ich so bitter brauchte. Vor allem aber daran, wie beschützt ich mich gefühlt hatte, wenn er in meiner Nähe war. Heute war der letzte Tag, an dem er mich sehen würde. Ab morgen würde ich nur noch eine Erinnerung für ihn sein. Dieser Gedanke machte mich stark und streitlustig. Ich würde selbst aufpassen, dass er auch wirklich hinter den schwedischen Gardinen verschwand!

Kurze Zeit darauf saßen wir zu fünft in Rons Auto. Mike, Kelly und ich saßen hinten, und Job saß neben Ron.

Zum ersten Mal kam mir in den Sinn, wie komisch es war, dass es meinetwegen zwischen Mike und Ron zum Streit gekommen war und dass Ron ihn jetzt ins Gefängnis brachte. Eigentlich konnte mir das aber auch egal sein.

Unterwegs hielten wir an einer Raststätte, um etwas zu trinken. Dort gab es ein Restaurant mit Selbstbedienungsbüfett. Während Ron, Kelly und ich uns an der Theke etwas aussuchten, marschierten Job und Mike laut pöbelnd durch das Restaurant. Die Leute, die dort an den Tischen saßen und aßen, blickten erstaunt auf. »Glotz nicht so blöd!«, sagte Job laut, wenn er sah, dass ihn jemand anschaute. Mike war inzwischen damit beschäftigt, Garderobenständer umzustülpen. Ich schämte mich furchtbar für die beiden. Ich sah, wie die Gäste mit kleinen Kindern ängstlich das Lokal verließen. Kelly fand das Ganze offenbar toll und lachte aus vollem Hals. Ron hingegen schien das alles nicht zu interessieren. Seelenruhig suchte er weiter Getränke aus.

Job stellte sich neben Ron und schaute in die Vitrine. Er schnappte sich einen Hering, nahm einen Bissen und legte den Rest wieder zurück. »Bah, schmeckt das fies! Und den Scheiß verkaufen sie auch noch!«, sagte er zu Ron.

Ron schaute noch immer nicht hoch und reagierte nicht. Job machte eine Weile so weiter. Kurz probieren, zurücklegen und sich dann darüber beschweren.

Ron hatte im Auto gesagt, dass er uns einladen würde. Ich wollte seine Großzügigkeit nicht ausnutzen und nahm nur ein belegtes Brötchen und ein Päckchen Milch. Nachdem Ron alles bezahlt hatte, setzten wir uns an einen Tisch. Lediglich ein älteres Ehepaar war geblieben. Job entdeckte sie. Er ging zurück zum Büfett und holte zwei Tassen Kaffee. »Hier«, sagte er, »weil ihr so mutig seid.« Mit diesen Worten reichte er den beiden die Tassen und schenkte ihnen ein freundliches Lächeln.

Ron bezahlte auch den Schaden, den Job und Mike angerichtet hatten. Danach fuhr er uns schweigend zum Gefängnis.

In dem kleinen Dorf, in dem das Gefängnis war, gingen Job, Ron und Kelly in eine Kneipe, die hundert Meter vom Gefängnis entfernt lag. Sie wollten etwas trinken und waren der Meinung, ich solle ein wenig Zeit alleine mit Mike haben, sodass wir uns angemessen voneinander verabschieden konnten. Danach wollten wir uns in der Kneipe treffen.

Mike legte mir einen Arm um die Schulter, und so gingen wir schweigend auf das eiserne Gitter vor dem Eingangstor des Gefängnisses zu. Vor dem Gitter blieben wir stehen. Mike stellte sich vor mich. Er legte mir die Hände aufs Gesicht. Zunächst sanft, dann mit stärkerem Druck, bis seine Finger sich in meine Wangen bohrten. Mit einem Ausdruck in den Augen, den ich noch nicht kannte, schaute er mich an. Er küsste mich, die Lippen waren hart. Der Druck seiner Hände wurde stärker. Übelkeit erfasste mich, und Angst lähmte mich. Offensichtlich würde das hier anders laufen, als ich erwartet hatte.

Plötzlich löste er seinen Mund von meinem. Ich blickte ihm erstaunt in die Augen. Seine rechte Hand glitt von meiner Wange. Die Finger strichen über meine Haut und wanderten von der Wange zum Hals. Mein Herz schlug so heftig, dass ich Angst hatte, Mike könne es hören. In dem Moment, als seine Hand mein Genick berührte, wusste ich, dass etwas passieren würde. Ich beruhigte mich mit dem Gedanken, dass er mir ja wohl kaum direkt vor dem Gefängnistor die Kehle zudrücken konnte.

Mikes Hand legte sich um meinen Hals. Dann löste er die andere Hand von meiner Wange und ließ sie in seine Hosentasche gleiten. Während er etwas daraus hervorholte, starrten wir uns immer noch an. Direkt vor meinem Gesicht öffnete er die Hand.

»Schau mal«, sagte er. »Schau mal, was ich hier für dich habe.«

Ich senkte den Blick, um zu sehen, was er in der Hand hielt, doch in diesem Moment drückte er mir den Daumen der Hand, die er mir um den Hals gelegt hatte, mit voller Kraft in meine Halskuhle. Ich setzte alles daran, mich nicht völlig von dem Schmerz und der Panik, die ich in mir aufsteigen spürte, unterkriegen zu lassen. Er will mir nur Angst einjagen, aber es wird ihm nicht gelingen, dachte ich. Ich spiele das Spiel einfach mit.

In seiner Hand lag ein schwarzer Knopf.

»Was hast du damit vor?«, presste ich aus meiner zugeschnürten Kehle hervor.

»Das hier«, sagte er mit eisiger Stimme, »ist der Knopf vom Autoradio deiner Mutter.«

Für einen Moment vergaß ich, wo ich war. Ich hatte Mike gegenüber mit keinem Wort erwähnt, wohin meine Mutter gezogen war. Er hatte auch nicht gefragt. Ich hatte gehofft, mich zunächst bei ihr in Sicherheit bringen zu können, wenn ich heute fliehen würde, und dass ich danach weitersehen würde.

»Ich weiß, wo sie wohnt«, fuhr er fort. »Wenn du mich jemals verlässt, mache ich sie kalt!«

Alles in mir verkrampfte sich. Ich glaubte, nicht richtig gehört zu haben. Zum ersten Mal wurde mir klar, wie sehr ich meine Mutter liebte. Niemals würde ich mein Gewissen damit belasten wollen, dass ihr etwas zustieß. Ich spürte, wie mich aller Mut verließ.

Mike ließ mich los und ging an mir vorbei. Vor dem Gitter blieb er stehen und drehte sich um. »Ach ja«, sagte er. »Job schläft in meinem Haus. Er bleibt dort, bis ich wieder draußen bin. Er passt auf dich auf. Du wirst nicht erfahren, wann ich zurückkomme.«

Plötzlich liefen mir die Tränen über die Wangen. Ich konnte sie nicht mehr zurückhalten. Hier stand ich also. Ich war fünfzehn Jahre alt und an ihn gekettet, solange es Mike passte.

ZWEITER TEIL

Während der ersten Tage, in denen Mike im Gefängnis saß, wusste ich rein gar nichts mit mir anzufangen. Jeder ging davon aus, dass ich ihn vermisste, und daher gaben sich alle Mühe, mich aufzumuntern. Doch ich vermisste Mike wirklich nicht. Verzweifelt suchte ich nach einem Weg, wie ich mich aus dieser Situation befreien konnte. Wahrscheinlich hatte Mike das bereits bedacht, bevor er ins Gefängnis kam. Er hatte alles so eingerichtet, dass ich nicht fliehen konnte. Dass er dabei unschuldige Leute mit hineinzog, war ihm völlig egal.

Im Haus gab es nichts zu essen. Das Einzige, wofür Mike gesorgt hatte, war ein Aufseher für mich. Obwohl Mike dem Bäcker verboten hatte, mir weiterhin Brot für den Hund zu geben, bekam ich ab und zu doch einen Kanten oder Brotrinden von ihm. Ich sah deutlich, dass der Mann Mitleid mit mir hatte. Wenn Kelly kam, brachte sie weiterhin jedes Mal zwei Stullen mit Schmierkäse für mich mit. Manchmal ging ich gegen Mittag bei Barbara vorbei, die in der Nähe wohnte. Natürlich konnte ich dort nicht jeden Tag essen. Aber wenn ich dort war, schmeckten die Butterbrote mit Käse und Marmelade, die ich von ihr bekam, umso besser. Ich half ihr ein wenig beim Abwasch, und ging dann mit vollem Magen wieder nach Hause.

Hin und wieder besuchte ich meine Mutter. Obwohl unsere Beziehung schwierig war, überwand ich meinen Widerwillen, mit ihr zu reden, denn die Verlockung, ein

Butterbrot oder etwas anderes zu essen zu bekommen, war groß. Sie sagte jedes Mal: »Du kannst so oft bei mir essen, wie du willst, aber Geld bekommst du nicht. Ich weiß, dass Mike es dir abnimmt und Bier davon kauft. Das möchte ich nicht, verstehst du?«

Natürlich verstand ich es und war sogar froh darüber. Sie hatte Recht, das Geld würde zu ihm gelangen, und ich hätte nichts davon.

Einmal hatte ich auch bei meinem Vater gegessen. Seine Frau hatte eine große Schüssel Makkaroni gemacht. Ich hatte die ganze Schüssel leer gegessen. Mein Vater und seine Frau machten große Augen, als sie mich so reinhauen sahen. Eigentlich wollte ich auch mit ihnen keinen Kontakt haben, doch da ich solchen Hunger hatte, nahm ich ihre Einladungen zum Essen gern an. Danach machte ich mich wieder so schnell wie möglich aus dem Staub.

Die Zeit ging schnell vorbei. Job störte mich nicht, denn er war fast nie zu Hause. Trotzdem schaffte er es irgendwie, über all meine Unternehmungen informiert zu sein. Und abends, wenn ich im Bett lag, kam er immer noch mal kurz bei mir vorbei, um über seinen Zug durch die Gemeinde zu berichten. Er erzählte, mit welchen Mädchen er geschlafen, und ob es eine Prügelei gegeben hatte. Es war ganz lustig, noch ein bisschen zu schwatzen, schließlich wohnten wir ja unter einem Dach.

Im Handumdrehen war eine Woche vergangen. Eines Abends sagte Job, dass wir am nächsten Tag das Haus auf Vordermann würden bringen müssen, weil jemand vom

Jugendamt kommen würde. Er hatte Mike versprochen, dafür zu sorgen, dass es ordentlich aussah.

Morgens wurde ich durch Musik aus dem Wohnzimmer geweckt. Ich sprang aus dem Bett und ging ins Badezimmer, um mich zu waschen. Während ich noch mein Haar zu einem Pferdeschwanz band, lief ich die Treppe hinab. Ich linste durch den Türspalt ins Wohnzimmer und sah Job, der schon fleißig dabei war, die Zimmerdecke zu streichen.

»Guten Morgen!«, sagte ich.

Ohne seine Arbeit zu unterbrechen, grüßte er zurück.

Der Duft frischen Kaffees stieg mir in die Nase. Ich ging in die Küche und fragte über die Schulter hinweg, ob er auch einen Becher haben wolle.

Während ich zwei Becher Kaffee einschenkte, hörte ich Kelly ins Wohnzimmer kommen und mit Job reden. Als ich mit dem Kaffee rüberging, sah ich, dass sie alte Klamotten anhatte.

»Hilfst du heute auch mit?«, fragte ich.

»Ja, ist das in Ordnung?«

Ich musste lachen. »Na klar, natürlich ist das in Ordnung. Toll!«

Vorsichtig stellte ich die Becher auf den Tisch, und wir setzten uns alle drei aufs Sofa, als plötzlich der Nachbar vor der Schiebetür stand.

»Guten Morgen!«, begrüßten wir ihn fröhlich. »Möchtest du auch einen Kaffee?«

»Na, da sage ich nicht nein«, antwortete er und setzte sich zu uns aufs Sofa. Während Kelly in die Küche ging, um den Kaffee einzuschenken, erzählte er, dass er im Keller noch einen Teppich liegen hätte, den wir haben könnten, um ihn unter den Tisch zu legen. Der Teppich sei aufgerollt und voller Flohpulver, aber wir bräuchten ihn nur abzusaugen, dann wäre er wieder wie neu.

»Was hast du hier eigentlich vor?«, fragte der Nachbar Job.

»Mike hat mir freie Hand gelassen«, erwiderte Job. »Ich will den Bodenbelag rausnehmen, damit der Holzfußboden wieder zum Vorschein kommt, dann will ich die Wände weiß streichen und die Steckdosen schwarz. Welche Farbe hat der Teppich?«

»Schwarz«, sagte der Nachbar.

»Das trifft sich gut«, sagte Job. »Dann wird es ein schwarz-weißes Zimmer. Das Sofa ist auch weiß. Machst du es sauber?« Job schaute mich an. Ich nickte.

»Ich helfe beim Anstreichen«, sagte Kelly, die inzwischen wieder ins Wohnzimmer gekommen war.

Als der Nachbar sich wieder auf den Weg gemacht hatte, gingen wir beschwingt und voller Energie ans Werk. Die Zeit verflog so schnell, dass wir gar nicht merkten, wie spät es war, als wir schließlich fertig waren. Es ging schon auf den Abend zu. Job lief noch schnell zum Nachbarn hinüber und holte den Teppich. Wir rollten ihn aus, dann waren wir fertig. Müde, aber zufrieden betrachteten wir das Ergebnis. Wir mussten den Teppich nur noch absaugen. Ich suchte das ganze Haus ab, doch ein Staubsauger war nirgends zu finden.

»Dann eben nicht«, sagte Job. »Ich gehe jetzt duschen und danach in die Stadt, um noch etwas zu trinken.«

Er ging nach oben. Kelly fuhr nach Hause. Ich ließ mich auf das Sofa fallen.

Mein Magen begann bereits wieder zu knurren. Um das Hungergefühl zu unterdrücken, konzentrierte ich mich auf das Wohnzimmer. Ich schaute mich im Zimmer um, um alles noch einmal auf mich wirken zu lassen. Die Steckdosen waren das Schönste. Sie waren schwarz und passten farblich gut zum Teppich des Nachbarn.

Das Klingeln des Telefons riss mich aus meinen Gedanken. Ich nahm den Hörer ab und sagte: »Hallo?«

»Ja, ich bin's«, hörte ich jemanden am anderen Ende der Leitung sagen.

Es war Mike.

Mein Herz begann schneller zu schlagen. Ich versuchte, ruhig zu bleiben.

»Wie geht's dir?«, fragte er.

»Gut!«, antwortete ich übertrieben fröhlich.

»Wo ist Job?«

»Der macht noch eine Kneipentour. Du hast ihn knapp verpasst, vor zehn Minuten ist er gegangen.«

»Kommt er heute Nacht zurück?«

»Weiß ich nicht, wahrscheinlich.«

»Tja, Mädchen, dann musst du heute Nacht alleine sehen, wie du klarkommst.«

»Weshalb? Was ist denn los?«, fragte ich.

»Ich habe gehört, dass ihr mein Wohnzimmer renoviert habt, und jetzt will ausgerechnet heute Nacht jemand mein Sofa klauen. Da Job nicht zu Hause ist, musst du das wohl alleine verhindern.«

»Ach du Schreck! Wieso das?«, fragte ich kleinlaut.

»Oh, meine Zeit ist gleich zu Ende«, sagte Mike. »Leg dich zum Schlafen aufs Sofa. Dir tun sie nichts, wenn sie dich da liegen sehen. Übrigens, liebst du mich noch?«

Plötzlich waren wir getrennt. Ich hörte nur noch den Piepston. Ein Segen, dachte ich, während ich den Hörer auflegte, auf diese Frage brauche ich keine Antwort zu geben.

In der Hoffnung, damit meinen Hunger zu stillen, stand ich auf, um in der Küche ein Glas Wasser zu trinken. Da sah ich durch das Seitenfenster, dass neben dem Haus ein Wagen hielt. Vorsichtig ging ich zum großen Fenster und schaute nach draußen. Es war ein Polizeiauto! Aus dem Wagen leuchtete jemand mit der Taschenlampe auf das Haus. Bevor ich mich rühren konnte, wurde ich durch den Lichtstrahl geblendet, sodass sie mich genau sehen konnten. Erschrocken zog ich mich zurück und wartete neben dem Fenster, was geschehen würde.

Ich brauchte nicht lange zu warten, denn plötzlich standen zwei Polizisten im Garten. Sie versuchten, ins Haus zu kommen. Ich öffnete die Schiebetür, lief in den Garten und ging auf sie zu. Ich wagte es nicht, sie reinzulassen. Falls jemand sehen sollte, dass ich die Polizei ins Haus geholt hatte, würde Mike das sofort erfahren.

»Hallo!«, sagte ich. »Gibt es hier irgendetwas Besonderes?«

»Nein, nichts Besonderes«, antwortete einer der beiden. »Wir passen hier nur ein bisschen auf den Laden auf. Wir haben gehört, dass du alleine in dem Haus bist, nachdem dein Freund im Gefängnis sitzt. Deine Mutter hat uns gebeten, ab und zu ein Auge darauf zu werfen.«

»Meine Mutter?«, fragte ich überrascht.

»Ja, ist das so erstaunlich?«, fragte er. »Deine Mutter steht in ständigem Kontakt mit der Polizei. Wir haben ihr angeboten, dich hier rauszuholen, aber sie weiß nicht, wo du dann unterkommen kannst, und dafür sucht sie jetzt zusammen mit dem Jugendamt nach einer Lösung. Solange sie da noch nicht weitergekommen sind, schauen wir hier ab und zu nach dem Rechten.«

Ich war total verwirrt. Meine Mutter hatte gesagt, dass sie sich nicht mehr um mich kümmern würde, wenn ich bei Mike bliebe. Trotzdem wollte sie mir offenbar helfen und einen sicheren Ort für mich finden, und das gerade jetzt, wo ich bei Mike bleiben musste, um ihre Sicherheit nicht zu gefährden! Mikes Drohung, meiner Mutter etwas anzutun, hinderte mich daran, nach dieser Chance zu greifen, die sie mir bieten wollte. Wie sollte das alles nur enden? Doch trotz dieser verfahrenen Situation war es ein wunderschönes Gefühl, zu wissen, dass meine Mutter mich nicht vergessen hatte.

»Sonst alles in Ordnung?«, fragte der Polizist.

»Ja, eigentlich keine Besonderheiten. Allerdings hat Mike eben angerufen, um mir zu sagen, dass jemand sein Sofa klauen will und dass ich auf dem Sofa schlafen soll, um es zu bewachen.«

»Nein, das ist wirklich nicht nötig. Leg du dich mal schön in dein Bett. Wir fahren hier immer mal wieder vorbei und passen auf, dass nichts passiert.«

Ich bedankte mich bei ihnen und war froh, nicht auf dem Sofa schlafen zu müssen, und ich hatte ein gutes Gefühl, weil ich jetzt wusste, dass ich doch nicht ganz auf mich selbst gestellt war.

Der Regen klopfte gegen die Scheibe und weckte mich auf. Ich öffnete die Augen und reckte mich erst mal genüsslich. Was hatte ich gut geschlafen! Dass es draußen regnete, machte mir nichts aus, ich fühlte mich wohl und schöpfte wieder etwas Hoffnung.

Eine Zeit lang starrte ich nach draußen und beobachtete, wie die Regentropfen auf die Scheibe fielen und langsam an ihr herunterliefen. Das Telefon klingelte. Ich sprang aus dem Bett und rannte, so wie ich war, die Treppe hinunter. Ich nahm den Hörer ab und hörte Barbaras Stimme. Irgendwie hatte ich eine Vorahnung, dass es nichts Angenehmes war, was sie mir mitteilen würde.

»Mike hat gerade angerufen«, sagte sie. »Er erwartet, dass wir ihn morgen mit unserer Ältesten besuchen. Ich soll dafür sorgen, dass du mit von der Partie bist. Ich komme heute Abend kurz vor der Arbeit vorbei, um ein paar Dinge mit dir zu besprechen.«

Das Herz schlug mir bis zum Hals. »In Ordnung«, sagte ich. »Bis heute Abend dann.« Ich legte auf und ging etwas benommen nach oben, um mich zu waschen und anzuziehen.

Im Flur begegnete ich Job.

»Guten Morgen!«, sagte er fröhlich.

»Guten Morgen!«

»Mike hat mich gebeten, dafür zu sorgen, dass du morgen zusammen mit Barbara den Zug besteigst«, sagte er. »Aber das tust du ja wohl, nicht wahr? Ich brauche es doch sicher nicht zu kontrollieren, oder?«

Ich lachte leise und sagte: »Natürlich fahre ich zu ihm. Glaubt ihr etwa, dass ich ihn nicht sehen will? Ich vermisse ihn unheimlich.«

»Das habe ich mir schon gedacht«, sagte Job. »Aber du kennst Mike ja, er hat wahnsinnige Angst, dass du abhaust. Wenn er dich sehen könnte, so wie ich dich jetzt vor mir habe, würde er wissen, dass er sich keine Sorgen zu machen braucht.« Job ging nach draußen, und ich schlenderte hinter ihm her.

»Bis heute Abend«, sagte ich und war froh, dass er mein Lügengebäude nicht durchschaute. Ich vermisste Mike nicht eine Sekunde.

Den Morgen verbrachte ich damit, zufrieden auf dem Sofa vor dem Fernseher zu hocken. Ich füllte meinen Magen mit Kaffee und gab das letzte Stück Brot dem Hund.

Mittags kam Kelly vorbei.

»Hast du Brot mitgebracht?«, fragte ich gierig.

»Scheiße! Vergessen«, sagte sie schuldbewusst.

Ich versuchte, meine Enttäuschung zu verbergen. »Ich habe eine Idee«, sagte ich. »Erinnerst du dich noch, dass ich dir von dem Pflegepony erzählt habe, das ich in einem Dorf hier in der Nähe hatte? Was hältst du davon, wenn wir da mal hinfahren? Wir können das Pony vor einen kleinen Wagen spannen und ein bisschen spazieren fahren. Dann haben wir wenigstens eine schöne Beschäftigung. Hast du Lust?«

»Oh ja, super!«, meinte Kelly.

Keine fünf Minuten später saßen wir auf unseren Fahrrädern.

Nach einer knappen Viertelstunde erreichten wir das kleine Dorf. Wir betraten die große Scheune, in der der Verschlag des Ponys untergebracht war. Es begrüßte uns mit einem leisen Wiehern. Und während wir das Pony striegelten, kam der Besitzer herein.

»Guten Tag, junge Damen!«, sagte er. »Wollt ihr ein wenig mit ihm ausfahren?«

»Ja, wenn du nichts dagegen hast«, antwortete ich.

»Natürlich nicht, für den Kleinen ist das auch gut. Wann kommt ihr denn wieder zurück? Ich muss heute Abend nämlich arbeiten, und vorher muss ich den Laden hier noch abschließen.«

»Ach«, stammelte ich, »das weiß ich nicht. Aber wir haben eine Weide, auf der er heute Nacht bleiben kann, wenn es dir recht ist. Dann bringen wir ihn morgen Nachmittag wieder zurück.«

Ich hörte mich selbst reden und war erstaunt über das, was ich da sagte. Ich hatte überhaupt keine Weide zur Verfügung, auf der ich das Pony unterbringen konnte. Kelly wagte ich nicht anzuschauen, da ich Angst hatte, sie könne mich verraten.

»Ja, die Idee ist gar nicht schlecht«, sagte der Besitzer. »Dann sind wir uns also einig. Ich bin sicher, dass es ihm richtig gut gefallen wird, und er ist in guten Händen.«

Der Besitzer verschwand, und ohne etwas zu sagen, spannten wir das Pony vor den Wagen und fuhren wieder nach Hause.

Auf halbem Wege fragte Kelly: »Wo willst du das Pony denn lassen?«

Ich begann zu lachen, ohne sie anzublicken.

»Das ist doch nicht dein Ernst«, sagte Kelly, als ihr klar wurde, was ich vorhatte. »Mike wird wahnsinnig, wenn er das hört.«

Ich warf ihr einen Blick zu und sagte scharf: »Das hoffe ich. Und ich hoffe, dass sie ihn dann schleunigst in die Klapsmühle stecken, sodass ich frei bin.«

Kelly schaute mich erschrocken an. »Liebst du ihn denn nicht mehr?«

»Doch«, log ich. Ich wusste, dass ich auch ihr gegenüber nicht die Wahrheit sagen durfte. Ich konnte nicht darauf bauen, dass sie mich nicht an Mike verraten oder sich vielleicht verplappern würde. Dann wäre meine Mutter in Gefahr, und das durfte ich auf keinen Fall zulassen.

»Mike sitzt im Knast, und wir sitzen hier und haben einen Riesenspaß. Vergiss also deine Sorgen und entspann dich«, beruhigte ich sie. Es regnete, wir sangen, und die Fahrt ging weiter.

Eine Stunde rumpelten wir dahin, dann waren wir zu Hause. Kelly gab dem Pony etwas Gras, während ich im Garten einen provisorischen Stall baute. Als ich damit fertig war, spannten wir das Pony aus und brachten es in seinen Unterstand. Wir gingen ins Haus, um uns abzutrocknen. Danach pflanzten wir uns aufs Sofa und schauten durchs Fenster dem Pony zu, das sein neues Zuhause voller Bewunderung begutachtete.

»Ich komme heute Abend noch mal vorbei«, sagte Kelly gegen sechs Uhr. »Jetzt muss ich nach Hause und essen. Bis nachher also.«

»Okay, bis dann.«

Eine Stunde nachdem Kelly nach Hause gegangen war, kam Barbara. Wir tranken zusammen Kaffee. Mehr konnte ich ihr nicht anbieten.

»Morgen bin ich um halb acht hier«, sagte sie. »Wir müssen den Zug um acht Uhr nehmen und sind dann gegen halb elf dort. Ich bezahle deine Fahrkarte und nehme auch etwas zu essen mit für unterwegs. Ist das in Ordnung?«

»Ja, prima.«

»Kommst du klar mit Mike?«, fragte sie und blickte mich durchdringend an.

Ich versuchte, mein Gesicht zu wahren, und fragte ausweichend: »Möchtest du noch einen Kaffee?« Ich nahm ihre Tasse und ging in die Küche.

Barbara kam hinter mir her und lehnte sich an die Anrichte. »Du brauchst mir nicht zu antworten. Ich habe schon verstanden. Leider kann ich dir nicht helfen, du musst das selbst hinbekommen. Sorge dafür, dass er dich hasst, dann kommst du von ihm los, dann lässt er dich gehen. Es liegt in deiner Hand. Ich kann nur versuchen, dir Schutz zu bieten, indem mein Haus immer für dich offensteht, wenn er dich wieder mal rangenommen hat. Aber du darfst mir glauben, dass er sehr weit gehen wird, um dich zu halten. Lass dir morgen nichts anmerken. Tu so, als würdest du ihn schrecklich vermissen, denn wenn er spürt, dass irgendetwas nicht stimmt, wird er gefährlich. Vor allem im Moment, solange er im Gefängnis sitzt.«

Kelly und Erik kamen, also mussten wir das Gespräch beenden. Wir gingen ins Wohnzimmer zurück und setzten uns aufs Sofa.

»Das Zimmer ist nett geworden«, sagte Erik. »Tolle Idee übrigens, das Pony im Garten.«

Ich lachte. »Ja, finde ich auch.« Ich ging in den Garten, um zu sehen, ob mit dem Pferd alles in Ordnung war. Ich streichelte ihm die Flanke und dachte an das Gespräch mit Barbara. Ich durfte also Mike gegenüber nichts durchscheinen lassen, koste es, was es wolle. Vielleicht war Barbara die einzige Person, der ich vertrauen konnte …

Das Pony knabberte im Garten zufrieden am Gras. Mein Magen schmerzte entsetzlich. Ich lief in die Küche, um zu schauen, ob dort vielleicht doch noch etwas Essbares zu finden war, das ich noch nicht entdeckt hatte. In einem Küchenschrank stieß ich auf eine Packung Makkaroni. Jetzt noch irgendetwas dazu, dachte ich. Im Gefrierfach lag ein Beutel Fleisch. Ich nahm ihn heraus. Ich konnte nicht erkennen, was es war, und ging damit ins Wohnzimmer.

»Weißt du, was das ist?«, fragte ich Barbara und hielt ihr den Beutel hin.

Sie nahm ihn, schaute ihn sich kurz an und verzog das Gesicht, dann sagte sie: »Das ist Hundefutter.«

Enttäuscht nahm ich ihr den Beutel wieder ab und lief in die Küche zurück. Ich wollte ihn gerade wieder ins Gefrierfach legen, als Barbara aus dem Wohnzimmer rief: »Sind da weiße Flecken drauf?«

Ich betrachtete das Fleisch. »Nein.«

»Oh, dann ist es kein Hundefutter, sondern gewöhnliches Fleisch.«

Fein, dachte ich, dann verputze ich das Ganze mit ein bisschen Ketchup.

»Soll ich es für dich machen?«, hörte ich Barbara fragen, die hinter mich getreten war.

»Ja, gern.«

Barbara stellte eine Pfanne auf die Herdplatte und begann das Fleisch zu würzen. Ich ging ins Wohnzimmer, setzte mich aufs Sofa und wartete. Es dauerte nicht lange, da drang der Duft von gebratenem Fleisch in meine Nase.

Erik schnupperte. »Gibt es hier Makkaroni? Bekomme ich auch etwas?«

»Nein, eher nicht«, sagte ich. »Du kannst zu Hause essen. Es ist höchstens ein halber Teller. Findest du es sehr schlimm?«

»Nein, du hast Recht, aber es riecht so gut«, sagte er.

Das fand ich auch.

»Es ist fertig!«, hörte ich Barbara aus der Küche rufen. Ich sprang auf und lief zu ihr, um mich zu bedienen. Ich schüttete einen großen Klacks Ketchup auf die Makkaroni, und mit dem Teller in der Hand ging ich zurück ins Wohnzimmer.

Erik blickte mich mit großen Augen an, stand auf und rannte zur Schiebetür. Er stolperte in den Garten und übergab sich ins Gras. Ich blieb verdattert stehen. Erst wollte er essen, und jetzt fing er an zu kotzen! Kelly und Barbara begannen laut zu lachen. Ich drehte mich um und wollte einen Bissen nehmen, als ich plötzlich kapierte, dass es um mein Essen ging. Es war also doch Hundefutter. Ich ließ mir nichts anmerken. Es schmeckte richtig gut. Ein bisschen fade vielleicht, aber es war wie eine Art Gehacktes. Demonstrativ setzte ich mich neben sie aufs Sofa und aß einfach weiter.

Barbara sah mich prüfend an. »Wie lange hast du nichts gegessen?«

»Fast eine Woche, außer den Butterbroten von euch.«

»Aber seit Mike im Knast ist, haben wir dir nur drei Mal Butterbrote gebracht«, sagte sie bestürzt.

»Ich weiß«, meinte ich mit vollem Mund, »und deshalb ist es mir auch egal, was ich jetzt esse. Das ist immer noch besser als die Bauchschmerzen.«

Sie schwiegen. Die gute Stimmung war verflogen.

Als alle drei nach Hause gegangen waren, verzog ich mich ins Bett. Zum ersten Mal ging ich ohne Bauchschmerzen schlafen, und das war gut. Ob ich es nun Hundefutter zu verdanken hatte oder nicht.

Am nächsten Morgen stand ich mit einem flauen Gefühl im Magen auf. Ich war nervös. Heute würde ich Mike zum ersten Mal seit drei Wochen sehen. Ich hoffte, alles würde gut gehen. Ich gab mir alle Mühe, so attraktiv wie möglich auszusehen.

Hauptsache, er freut sich, mich wiederzusehen, dann wird es schon klappen, beruhigte ich mich. Komisch, dass er Barbara alles für sich regeln lässt. Und dass sie es tut! Sie ist doch seine Exfrau. Vielleicht weiß sie einfach, wie er ist. Oder tut sie das alles vielleicht für mich?

Um halb acht war Barbara mit ihrer Ältesten da, und um Punkt acht saßen wir im Zug. Die Fahrt verlief ruhig. Die meiste Zeit schauten wir aus dem Fenster.

»Wann fing das an, dass Mike sich anders verhielt?«, fragte Barbara plötzlich.

»Seit er mich aus dem Internat geholt hatte und ich ihn Geld kostete. Ich schätze, er hat es sich anders vorgestellt. Er dachte, dass ich Sozialhilfe bekomme, aber so lief es nicht. Jedes Mal, wenn ich ihn daran erinnerte, dass er für mich zu sorgen versprochen hatte, gab es Krach. Sein Geld gab er für Bier aus, und wenn er zu viel getrunken hatte, wurde er gewalttätig.« All dies sprudelte nur so aus mir heraus.

»Sieh zu, dass du weg bist, bevor er entlassen wird«, sagte sie plötzlich sehr eindringlich.

Ich bekam einen Schrecken.

Barbara sah meine Reaktion und ließ nicht locker: »Ich

kann dir nicht alles erzählen, aber weil wir während unserer Ehe nie Geld hatten, hat er mich auf den Strich geschickt.«

»Was willst du damit sagen?«

»Du brauchst nur eins und eins zusammenzuzählen«, sagte sie heftig und wendete ihren Blick ab. Sie schaute wieder aus dem Fenster.

Es war deutlich, dass das Gespräch für sie beendet war, aber ich konnte es einfach nicht fassen. Wollte sie mir sagen, dass ich so schnell wie möglich verschwinden musste, wenn ich nicht auch auf dem Strich landen wollte? Das konnte ich nicht glauben! Das würde Mike mir nie antun. Er war ungeheuer besorgt gewesen, als Ron uns zum Essen mitgenommen hatte. Nein, Mike war zu allem Möglichen imstande, aber dazu nicht.

Während der restlichen Fahrt redeten wir nicht mehr miteinander. Im Handumdrehen waren wir beim Gefängnis. Wir betraten es durch dasselbe Tor, vor dem ich mich von Mike verabschiedet und vor dem er mir noch einmal zu verstehen gegeben hatte, was mich erwartete, falls ich ihn verlassen sollte.

Entlang schwer bewachter Türen gingen wir in eine Art Saal, in dem lauter Tische mit Stühlen darum herumstanden. Ich schaute mich in dem Raum um und sah, dass Mike mit einer Zeitung an einem der Tische saß. Mein Herz begann schneller zu schlagen.

Barbara drängte mich in seine Richtung und flüsterte: »Denk dran, lass ihn nichts spüren!«

Als wir uns dem Tisch näherten, blickte Mike von der Zeitung hoch. Seinem Gesichtausdruck war deutlich zu entnehmen, dass er sich freute, uns zu sehen. Er ähnelte wieder dem alten Mike. Das beruhigte mich, denn so fiel mir das Schauspielern leichter.

Mit einem breiten Lächeln kam er auf mich zu, nahm mich in die Arme und küsste mich auf den Mund. »Oh, was habe ich dich vermisst!«, sagte er, während er mich fast zerquetschte.

»Ich dich auch«, erwiderte ich leise, und ich musste zugeben, dass ich diesen Mike wirklich vermisst hatte, ganz furchtbar sogar.

Der Besuch verlief ziemlich angenehm. Nach einer Stunde verabschiedeten wir uns von Mike und fuhren wieder nach Hause.

Im Zug fragte Barbara, wie lange Mike sitzen würde.

»Ich habe keine Ahnung, er hat es nicht erzählt. Er wollte es mir nicht sagen, weil das besser für mich sei, meinte er.«

»Besser für ihn, meinst du wohl«, sagte sie heftig. »Kapierst du das denn immer noch nicht? Er hält dich im Griff. Job bewacht dich. Du kannst nicht vor Mike flüchten, weil du nicht weißt, wann er zurückkommt. Es kann morgen sein, es kann aber auch noch Jahre dauern.«

Sie hatte Recht. Sobald ich zu Hause war, würde ich Vorbereitungen treffen, nahm ich mir vor. Aber wie?

Es wurde Nachmittag, bis ich zu Hause war. Unterwegs hatten wir noch irgendwo gegessen. Danach war Barbara sofort gegangen.

Als ich das Wohnzimmer betrat, saßen dort Job und Kelly und warteten auf mich.

»Und, wie war es?«, fragte Job.

»Gut«, sagte ich und ließ mich aufs Sofa fallen. »Die Fahrt hat nur so furchtbar lange gedauert, aber na ja. Wir haben wenigstens eine schöne Stunde miteinander verbracht, und das alleine zählt.« Ich erkannte, dass ich Mike mit einem sehr guten Gefühl verlassen hatte, dass Barbara mich im Zug aber gründlich auf den Boden der Tatsachen zurückgeholt hatte.

Meine Gedanken wurden dadurch unterbrochen, dass jemand die Schiebetür öffnete. Es war ein junger Mann mit einer Schirmmütze auf dem Kopf und einem kleinen Hund. Job und der Mann begrüßten sich. Offensichtlich waren die beiden befreundet.

Kelly und ich bestaunten den Hund. Er lief so komisch, schwankte irgendwie auf den Beinen. Der Freund setzte sich aufs Sofa und legte etwas auf den Tisch, das in Alufolie eingewickelt war. Während er die Folie entfernte, sagte er: »Ich habe etwas Leckeres mitgebracht.«

Es war ein Kuchen. Er schnitt ein Stück ab und gab es dem Hund.

»Wollt ihr auch was?«, fragte er. Er schaute nicht auf, und sein Gesicht wurde durch den Schirm seiner Kappe verdeckt.

»Oh ja, gern«, antworteten wir im Chor.

Der junge Mann schnitt für jeden von uns ein großes Stück ab, und wir verputzten es genüsslich. Während Job und sein Freund sich unterhielten, flüsterten Kelly und ich uns zu, dass der Kuchen seltsam schmeckte. Aber egal, jetzt hatten wir ihn schon fast aufgegessen.

Ohne ersichtlichen Grund stand Kelly plötzlich auf und ging durch die Schiebetür in den Garten zum Pony.

Sie holte es aus dem Stall und setzte sich auf seinen Rücken. »Mach mal die Haustür auf!«, rief sie mir zu.

Ich ging in den Flur und öffnete die Tür. Als ich ins Wohnzimmer zurückkam, sah ich, wie Kelly auf dem Pony durch die Schiebetür ritt, das Wohnzimmer durchquerte und durch den Flur zur Haustür wieder hinausgelangte. Sie drehten eine Runde ums Haus und begannen das Schauspiel aufs Neue. Ich fand es toll und lief mit ihnen mit. Unterwegs tauschten wir, sodass wir schließlich abwechselnd auf dem Pony saßen.

»Weißt du, weshalb der Hund sich so komisch verhält?«, fragte Kelly plötzlich.

»Keine Ahnung.«

»Hast du gesehen, dass er auch ein Stück Kuchen bekommen hat? Ich glaube, das ist Spacecake.«

»Was ist das denn?«

»Das ist Kuchen mit Hasch.«

»Deswegen also schmeckte der so komisch«, sagte ich. »Und deshalb ticken wir momentan wohl auch nicht ganz richtig.«

»Genau«, sagte Kelly und begann zu lachen. Ich lachte lauthals mit. Wir waren so bekifft, dass wir aus dem Lachen nicht mehr herauskamen.

Job und sein Freund gingen in die Stadt, um einen Zug durch die Kneipen zu machen. Als Kelly und ich uns beruhigt hatten, brachten wir das Pony zurück zu seinem Besitzer. Danach fuhr Kelly direkt weiter nach Hause.

Abends hing ich alleine vor dem Fernseher. Ab zehn Uhr fuhr regelmäßig ein Polizeiauto durch die Straße. Demnach hielten sie sich an die Absprache.

Am nächsten Morgen schreckte ich um acht Uhr aus dem Schlaf. Scheiße, dachte ich, gleich kommt jemand vom Jugendamt. Ich schoss in meine Klamotten und ging schnell nach unten. Die gröbste Unordnung wurde beseitigt, sodass es einigermaßen vorzeigbar aussah.

Pünktlich um halb zehn klingelte es an der Haustür. Ich öffnete und stand einer mageren Frau mit spitzem Gesicht, langen Haaren und Brille gegenüber. In der Hand hielt sie eine Aktentasche, ihre andere Hand streckte sie mir entgegen.

»Hallo, du musst Merel sein. Ich bin Frau Hoefd vom Jugendamt.«

Ich schüttelte ihr die Hand. »Bitte, kommen Sie rein.«

Sie setzte sich aufs Sofa, holte einen Haufen Papiere aus der Aktentasche und legte sie auf den Tisch. Neugierig schielte ich zu ihr hinüber, um zu sehen, was sie vorhatte. Sie nahm die Papiere wieder auf und machte erst einmal einen ordentlichen Stapel daraus. »Ist dein Freund auch zu Hause?«, fragte sie.

»Nein, der sitzt im Gefängnis.«

»Schon lange?«

»Ungefähr drei Wochen, und ich habe keine Ahnung, wie lange er noch sitzen muss.«

Sie nahm ein Blatt vom Stapel und begann darauf herumzukritzeln.

»Ich erkläre dir jetzt, was ich heute mache«, sagte sie. »Deine Mutter hat uns eingeschaltet. Ich möchte mit dir darüber reden, wie du die Situation findest. Du bist minderjährig, und offiziell müsstest du einen Vormund haben. Da du nicht mehr zu Hause oder im Internat lebst, werden wir entscheiden, was aus dir wird. Eins will ich gleich ganz deutlich sagen: Hier kannst du nicht bleiben. Wir haben uns an verschiedenen Stellen über deinen Freund informiert und dabei erfahren, dass er kein Unbekannter für uns ist. Auch seine Kinder stehen unter Aufsicht eines Jugendrichters.«

»Was soll das heißen, auch unter Aufsicht?«, fragte ich verwirrt.

»Deine Mutter hat uns das Sorgerecht übertragen. Das bedeutet, dass du der Aufsicht eines Jugendrichters unterstellt wirst«, erklärte sie. »Der Jugendrichter wird entscheiden, was das Beste für dich ist. Natürlich hört er sich auch an, was du zu sagen hast. Aber er trifft letztlich die Entscheidung, und die ist bindend. Wir machen das, um dich aus dieser äußerst gefährlichen Situation zu befreien. Ich bin heute hier, um dich zu fragen, ob du freiwillig mitarbeiten willst, oder ob wir dich zwingen müssen.«

»Was bedeutet das?«

»Das bedeutet, dass du, wenn wir wissen, wo du unterkommen kannst, von der Polizei abgeholt wirst.«

Ich wusste nicht, was ich sagen sollte, und starrte auf meine Füße. Plötzlich brach ich in Tränen aus, und ich konnte nicht mehr aufhören zu weinen. Frau Hoefd blieb ganz ruhig und fragte freundlich: »Soll ich dir ein Glas Wasser holen?«

Ich nickte.

Sie ging in die Küche und kam mit einem Glas Wasser zurück. Sie setzte sich neben mich und reichte mir das

Glas. »Wann hast du zuletzt etwas gegessen? Im Kühlschrank ist nichts.«

»Gestern«, sagte ich. »Barbara, Mikes Exfrau, hat mich eingeladen, nachdem wir Mike besucht haben. Sie ist dahintergekommen, dass er mich ohne einen Cent zurückgelassen hat.«

»Mike hat uns um finanzielle Unterstützung gebeten, aber wir haben es abgelehnt«, berichtete sie. »Jetzt sag mir, weshalb du weinst?«

»Ich kann nicht alles erzählen, aber freiwillig kann ich nicht von ihm weg. Bitte, holen Sie mich hier raus! Mir ist ganz egal, wie, wenn er nur nicht glaubt, dass ich es selbst will.«

Ein Moment war es still. »In Ordnung, Mädchen. Ich sorge dafür«, beruhigte sie mich. »Wir wissen, wie gefährlich er ist. Wir sind da, um für deine Sicherheit zu sorgen.«

Ich fühlte mich richtig erleichtert.

Frau Hoefd machte alle möglichen Notizen auf dem Blatt, das auf ihrem Schoß lag. Ich wurde dadurch abgelenkt, dass sie sich ständig am Unterschenkel kratzte. Zu meinem Schrecken sah ich, dass überall Flöhe auf ihrem Bein saßen. Scheiße, dachte ich, die kommen aus dem Teppich des Nachbarn. Den hatten wir nicht abgesaugt. Jetzt waren die Tierchen alle aus den Eiern geschlüpft. Ich wagte Frau Hoefd nicht anzuschauen.

Nachdem sie ihre Notizen beendet hatte, stopfte sie die Papiere in die Aktentasche und stand auf. »So, ich habe alles festgehalten. Jetzt werde ich mit den Behörden beraten, und das Ergebnis teilen wir dir dann mit.«

Erschreckt schaute ich sie an. »Wie wollen Sie es mir denn mitteilen? Wenn Mike dahinterkommt, dass da etwas am Laufen ist, ist mein Leben, und vielleicht sogar nicht nur mein eigenes, in Gefahr.«

Mit zusammengezogenen Augenbrauen starrte sie auf den Boden. »Soll ich es dir über deine Mutter mitteilen lassen?«

»Ja, das scheint mir eine gute Lösung zu sein.«

»Dann musst du aber versprechen, dass du regelmäßig zu ihr gehst, wenigstens ein Mal pro Woche.«

»Gut, das tue ich.«

Ich hatte die Tür hinter Frau Hoefd noch nicht ganz zugemacht, als ich jemanden durch die Schiebetür kommen hörte. Im Wohnzimmer stand Kelly mit einem Staubsauger in der Hand. Ich begann zu lachen. Ich wusste genau, was sie vorhatte.

»Ja, lach du nur! Meine Beine sind total aufgekratzt wegen dieser Scheißflöhe hier.«

»Na schön, wenn du meinst, dass es etwas bringt, kannst du gern staubsaugen«, sagte ich, während ich mich aufs Sofa fallen ließ. »Die Frau vom Jugendamt war gerade hier, und die hat sich ihre Beine auch wund gekratzt. Ich hoffe nur, dass sie es nicht gesehen hat! Aber ich glaube, die wollte sich vor mir nichts anmerken lassen.«

Kelly begann trotzdem, das Zimmer zu saugen. Ich jedenfalls war froh, dass sie nichts über das Gespräch mit der Frau vom Jugendamt wissen wollte.

Jetzt konnte ich niemandem mehr vertrauen. Meine Chance, hier rauszukommen, lag in den Händen des Jugendamtes. Diese Chance durfte ich nicht vermasseln. Deshalb nahm ich mir vor, sehr gut zu schauspielern.

An diesem Abend lag ich lange wach. Ich dachte an nichts anderes mehr, als dieses Leben so schnell wie möglich hinter mir zu lassen, dieses Leben, das mir anfangs so toll vorgekommen war.

Am nächsten Morgen ging Job schon früh in die Stadt. Draußen war herrliches Wetter, daher beschloss ich, den Hund gründlich zu bürsten. Wir saßen im Garten auf der Erde, und ich genoss die warme Sonne auf meinem Rücken und die Freude des Hundes, der sichtlich Spaß daran hatte, gebürstet zu werden. Für eine kurze Zeit war es, als hätte ich keine Sorgen, als seien der Hund und ich die einzigen Lebewesen auf der Erde.

Ich hatte wieder Hoffnung, irgendwann einmal von Mike wegzukommen. Andererseits bereitete mir die Vorstellung, ihn verlassen zu müssen, auch Kummer. Natürlich war ich traurig. Ich vermisste den alten Mike, den liebevollen Mike. Weshalb hatte dieser Mike dem neuen Mike weichen müssen? Endlich war ich jemandem begegnet, der mir Selbstvertrauen gab und der es schön fand, mich um sich zu haben. Der über meine Scherze lachte. Der mich verstand. Viel wichtiger noch: dem ich nicht egal war. Dieser Mensch hatte sich in jemanden verwandelt, der besitzergreifend war und gewalttätig, in jemanden, der unter Alkoholeinfluss nicht mehr er selbst war.

Ich hörte kurz auf, den Hund zu bürsten, um in der Küche einen Schluck Wasser zu trinken. Am Spülbecken packte mich ein Weinkrampf. Ich riss mich zusammen und zwang mich dazu, daran zu denken, dass Mike meine Tränen nicht mehr wert war. In Gedanken versunken verließ ich die Küche und ging ins Wohnzimmer. Plötzlich wurde mir klar, dass etwas nicht stimmte. Ich schaute zu der Stelle im Garten hinüber, wo der Hund hätte liegen müssen. Der Platz war leer. Ich lief aus dem Haus und schaute nach, ob er irgendwo zu sehen war.

Dann entdeckte ich ihn. Ich blieb wie angewurzelt stehen. Der Hund schmiegte sich freudig und mit dem Schwanz wedelnd an Mike. Dieser begrüßte ihn überschwänglich und klopfte ihm die Brust. Mike war also wieder da. Ein freier Mann. Wie nicht anders zu erwarten, hatte er vorher nicht Bescheid gesagt.

Mike hatte mich bemerkt. »Hallo!«, sagte er.

Ich versuchte, ein Lächeln hervorzuzaubern. Offenbar gelang es nicht wirklich, denn Mike ließ den Hund los und kam mit großen Schritten auf mich zu. Er umfasste meinen Kopf mit beiden Händen und zwang mich, ihm in die Augen zu schauen. »He, was ist das denn«, fragte er sanft. »Hast du geweint?«

Ich nickte.

»Weil du mich vermisst hast und jetzt froh bist, mich zu sehen?« Es klang herausfordernd.

Ich hielt es für besser, ihn in dem Wahn zu lassen. Erneut nickte ich.

»Dann bist du also froh, dass ich wieder zu Hause bin?« Er hob mich hoch und drückte mich an sich. Wieder durchströmte mich dieses warme Gefühl. Ich ertappte mich dabei, dass ich Mikes Liebkosungen und Wärme vermisst hatte. Und wieder begann ich zu weinen.

»Pst, ganz ruhig«, säuselte Mike. »Ich bin ja jetzt zu Hause, alles ist vorbei.«

Wenn nur schon alles vorbei wäre, dachte ich. Es würde alles erst noch beginnen. Meine Reise in die Freiheit hatte begonnen, als ich vom Jugendamt Unterstützung zugesagt bekommen hatte. Und Mike durfte auf keinen Fall davon erfahren.

Ich machte mich von ihm los und begleitete ihn ins Haus. Er setzte sich aufs Sofa, zog die Schuhe aus und streckte sich aus. Noch völlig betäubt von seinem unerwarteten Auftauchen, hielt ich etwas Abstand und betrachtete ihn nur.

»Ich hatte drei Wochen Urlaub«, sagte Mike, während er hin und her rutschte, um es sich bequem zu machen, »aber ich bin schrecklich müde! Was meinst du, Merel, sollen wir hier zusammen auf dem Sofa ein bisschen faulenzen?«

Ich ging zu ihm, zog meine Schuhe aus und legte mich neben ihn, kuschelte meinen Rücken an seinen Bauch, und Mike hielt mich mit starkem Griff im Arm. Ich starrte nach draußen. Zum Glück brauchte ich ihn nicht anzuschauen. Mikes Hand verschwand unter meinem T-Shirt und spielte mit meinen Brüsten. Mir stockte der Atem.

»Ich habe dich so vermisst!«, sagte Mike mit rauer Stimme. »Ich bin zu müde, um mit dir zu schlafen, aber deinen warmen Körper an meinem zu fühlen, verschafft mir im Moment genug Befriedigung.«

Ich entspannte mich bei dem Gedanken, dass ich nicht mit ihm zu schlafen brauchte. Eigentlich lag es sich so ganz schön auf dem Sofa. Anscheinend fand Mike das auch, denn nach kurzer Zeit begann er, hinter mir leise zu schnarchen.

Abends kam Job mit einem Kasten Bier nach Hause. Zu dritt ließen wir uns volllaufen. Ich war schon nach zwei Flaschen abgefüllt. Schnell verdrückte ich mich nach oben und legte mich schlafen. Wie lange Job und Mike noch trinken würden, wusste ich nicht, und es war mir auch egal. Ich war heilfroh, dass Job da war und ich nicht mit Mike alleine zu sein brauchte.

Langsam öffnete ich die Augen und richtete mich auf. Mike lag neben mir im Bett und schlief noch. Vorsichtig hob ich die Decke hoch, um aus dem Bett zu kriechen, dann lief ich leise nach unten. Ich wusste, dass Mike es hasste, geweckt zu werden, doch glücklicherweise hatte er gestern kräftig getrunken und würde nicht so leicht wach werden. Mit dumpfem Kopf ging ich ans Telefon, das schon seit einer ganzen Weile klingelte. Ich spürte, dass es mir schwerfiel, die Augen offen zu halten. Mit schläfriger Stimme meldete ich mich: »Hallo!«

»Hallo, hier ist Paula. Wie geht es dir?«

»Ach, es geht«, sagte ich gähnend. »Ich glaube, gestern habe ich etwas zu viel getrunken. Ich bin noch nicht richtig wach. Wie spät ist es eigentlich?«

»Es ist fünf vor zehn. Du, hör mal, ich habe eine Bitte an dich. Könntest du heute Nachmittag auf die Kinder aufpassen?«

»Ja, das müsste gehen. Wann denn ungefähr?«

»Um drei kommt jemand, der hier Filmaufnahmen machen will, dann bin ich zu Hause, aber ich kann mich nicht um die Kinder kümmern. Deshalb brauche ich deine Hilfe.«

»Soll ich dann so gegen zwei Uhr kommen?«, fragte ich.

»Ja, das wäre toll, dann können wir zusammen noch etwas trinken.«

In diesem Moment begann mein Gedächtnis wieder zu

arbeiten. »Oh, das habe ich vollkommen vergessen, heute Nachmittag kommt Kelly. Kann ich sie mitbringen?«, fragte ich hastig.

»Natürlich. Dann könnt ihr doch zusammen aufpassen.«

»Gut, dann sehen wir uns heute Nachmittag.«

Ich legte auf und schlurfte in die Küche. Durst, dachte ich, ich muss etwas trinken. In der Küche füllte ich die Kaffeemaschine mit Wasser und Kaffee. Oben hörte ich Gepolter. Mike war also auch aufgewacht.

Er kam die Treppe hinunter. Ich stellte die Kaffeemaschine an und ging ins Wohnzimmer. Im Flur begegnete ich Mike, dem der Alkohol deutlich weniger ausmachte als mir.

»Guten Morgen!«, sagte er und gab mir einen Kuss.

Ich wollte weitergehen, doch er nahm mich in die Arme und hielt mich zurück. »Nicht gut geschlafen?«, fragte er.

»Doch«, sagte ich mit einem gekünstelten Lächeln, »aber ich habe furchtbaren Durst und so ein dumpfes Gefühl im Kopf.«

»Du hast einen Kater!« Er grinste, umklammerte meine Knie, hob mich hoch und schleppte mich ins Wohnzimmer. Dort legte er mich aufs Sofa und sagte: »Jetzt werde ich mal für mein Mädchen sorgen, dass ich so sehr vermisst habe. Bleib, wo du bist. Ich hole den Kaffee.«

Hm, dachte ich, das muss ich genießen! Langsam streckte ich mich aus. Mike setzte sich mit zwei Bechern Kaffee dazu. »Wer hat da eben angerufen?«, fragte er.

»Paula. Sie hat mich gefragt, ob ich heute Nachmittag auf ihre Kinder aufpassen kann.«

»Was hast du ihr gesagt?«

»Dass es in Ordnung geht und dass ich ungefähr um zwei bei ihr bin.«

Mike schoss hoch und sah mich böse an.

Was ist denn jetzt schon wieder?, dachte ich.

»Kannst du das nicht erst mit mir besprechen?«

Einen Moment war es still. »Ich wollte den Tag heute einfach gemeinsam mit dir verbringen«, fuhr er fort. »Oder ist das so seltsam? Ich habe mich die ganze Zeit nach dir gesehnt, als ich gesessen habe. Und jetzt will ich alles nachholen und dir beweisen, wie sehr ich dich liebe.«

In diesem Moment hielt hupend ein Auto neben dem Haus. Mike stand auf und ging zum Fenster. Es war einer seiner Freunde. Mike schloss die Schiebetür auf, um ihn reinzulassen. »Kaffee?«, fragte er zur Begrüßung.

»Nein, Mann, du musst dich sofort anziehen. Ich weiß, wo ein geiler Wagen steht, aber ich muss den Preis noch runterhandeln. Dafür brauche ich dich. Kommst du mit?«

Ich hatte den Typ noch nie gesehen.

»Okay«, sagte Mike. »Ich ziehe mich schnell an. Merel, holst du ihm mal einen Kaffee?« Er verschwand nach oben.

»Bleib ruhig sitzen«, sagte der Typ. »Ich glaube, in deinem Kopf da oben geht es ein bisschen drunter und drüber, was?«

Ich musste lachen. »Das hast du gut erkannt.«

»Sagen wir lieber gutes Erinnerungsvermögen.« Er zwinkerte mir zu.

Sekunden später kam Mike schon wieder die Treppe hinab, er hatte die Jacke erst halb angezogen. Er bückte sich, um mir einen Kuss zu geben. »Ich hole dich dann bei Paula ab. In Ordnung?«

Ich nickte. »Lass dir ruhig Zeit. Ich sehe ja, wenn du kommst.«

»Komm!«, rief er seinem Freund zu. Zusammen rannten sie los. Ich winkte ihnen durch das Fenster hinterher und beschloss, mich noch mal ins Bett zu legen. Ich würde noch wunderbar ein paar Stunden schlummern können, bevor Kelly kam.

Doch mit dem Einschlafen wollte es nicht klappen. Ich musste ständig an Mike denken, daran, wie anders er sich verhielt, seit er aus dem Gefängnis zurück war. Er war so liebevoll mir gegenüber. Es war fast so, als hätte das Gefängnis sein altes Ich wieder zum Vorschein gebracht. Er war einfach wieder der alte Mike, den ich liebte. Beinahe hätte ich vergessen, wie er mich bedroht hatte, bevor er ins Gefängnis kam. Vielleicht wurde ja doch noch alles gut. Und möglicherweise war es nur ein Hilferuf gewesen, um mich zu halten. Vielleicht brauchte ich gar keine Angst vor ihm zu haben, vielleicht war es echte Liebe.

Pünktlich waren Kelly und ich bei Paula. »Möchtet ihr Kaffee?«, fragte Paula, während sie sich auftakelte.

Ich schaute Kelly an. Sie nickte.

»Ich schenke uns selbst ein, mach du mal ruhig weiter«, sagte ich zu Paula. Sie murmelte irgendetwas, daher nahm ich an, dass sie einverstanden war.

Während ich mit Kelly Kaffee trank und mit den Kindern spielte, klingelte es an der Haustür. Paula machte auf und kam mit einem riesigen Mann ins Wohnzimmer. Der Mann trug eine große Lampe in der einen Hand und in der anderen eine riesige Tasche.

»Für dich auch Kaffee?«, fragte Paula.

»Nein, danke! Ich habe nicht so viel Zeit. Ich möchte möglichst schnell anfangen, wenn es dir recht ist«, sagte der Mann.

»Dann also los«, meinte Paula und ging vor ihm die Treppe hinauf. Über die Schulter rief sie uns zu: »Ihr kommt alleine klar, oder?«

»Natürlich«, versicherte ich ihr.

Die Zeit verging wie im Flug, und ehe ich mich's versah, war es vier Uhr. Die Kinder hatten schön gespielt, und Kelly und ich hatten mal wieder über Gott und die Welt gequatscht. So erfuhr ich, dass Anne jetzt einen neuen Freundeskreis besaß und sich wieder voll auf die Pferde gestürzt hatte. Wenn die wüsste, was sich zwischen mir und Mike abspielte! Irgendwie fand ich das Ganze schon witzig. Sie war in Mike verliebt gewesen, und ich hatte etwas mit ihm angefangen, obwohl ich das eigentlich gar nicht gewollt hatte. Ich spürte, dass da wieder etwas in meinem Bauch herumflatterte. Dieses Gefühl kannte ich aus der Zeit, als ich mich in Mike verliebt hatte. Sollte ich doch noch eine Schwäche für ihn haben?

Als ich in die Küche ging, um die Tassen wegzubringen, kam Paula in ihrem Morgenmantel nach unten. Sie setzte sich zu Kelly ins Wohnzimmer und wartete, bis ich zurückkam. Ich fragte mich, ob sie mir vielleicht etwas erzählen wollte.

»Sagt mal, Mädchen, ich habe eine Frage«, begann sie. »Der Mann da oben wollte wissen, ob ihr vielleicht auch Interesse daran habt, ein paar Probeaufnahmen zu machen.«

Kelly und ich blickten uns überrascht an. »Was für Probeaufnahmen sind das denn?«, fragte ich zögernd. »Ich habe doch überhaupt keine Schauspielerfahrung.«

»Das ist auch nicht nötig«, sagte Paula. »Dafür brauchst du noch nicht mal Talent.«

»Und was für Aufnahmen sind das?« Kelly ließ nicht locker.

»Ach, nur so Probedinger für Softpornofilme«, sagte Paula leichthin.

Mir verschlug es den Atem. Das war doch nicht ihr Ernst! Die beste Freundin meiner Mutter machte oben Pornofilme, während ihre Kinder unten spielten!

Kelly stand auf und ging zur Treppe. »Ich habe Lust. Was muss ich tun?«

»Ach«, sagte Paula, während sie hinter ihr herging, »das erzähle ich dir oben. Du nicht, Merel? Bist du sicher? Es gibt hundert Eier dafür.«

»Nein, danke! Nicht in hundert Jahren«, erwiderte ich beleidigt. »Du musst selbst wissen, was du tust, aber dass du uns da reinziehen willst, finde ich nicht gut von dir.«

Ich war wirklich enttäuscht von Paula. Inzwischen war ich ja einiges gewohnt, aber von der besten Freundin meiner Mutter hatte ich so etwas nicht erwartet.

»Ich passe auf deine Kinder auf, aber mit dem Rest will ich nichts zu tun haben!«, rief ich ihr noch nach. »Ach ja, und sag Kelly, dass sie fertig sein muss, wenn Mike kommt! Ich fahre mit ihm nach Hause, egal, ob sie mitkommt oder nicht!«

Paula schloss wortlos die Tür und ging nach oben. Ich starrte auf die geschlossene Tür und dachte darüber nach, was sich hier abspielte. Mir fehlten einfach die Worte dafür, dass sie mich zu fragen gewagt hatte, ob ich auch Interesse hätte. Ich war zum Teufel erst fünfzehn, hatte gerade meinen ersten Freund. Und mir dann mit so einem Vorschlag zu kommen ...

Eine halbe Stunde später klingelte es. Es war Mike. Ich ging zur Haustür, um ihn reinzulassen. Während er vor mir her ins Wohnzimmer ging, fragte er sofort: »Was ist los? Wo ist Kelly? Ist sie nicht mitgekommen?«

»Doch«, sagte ich und setzte mich aufs Sofa.

Als Mike sich neben mich setze, stand ich wieder auf und fragte, ob er ein Bier haben wolle. Gedankenverloren ging ich in die Küche, stocksauer darüber, wie sie das alles gedeichselt hatten. Ich merkte nicht einmal, dass mir Mike in die Küche gefolgt war.

»Was ist denn los? Du bist ja völlig außer dir.« Er nahm mich in die Arme.

»Die machen da oben Probeaufnahmen für einen Pornofilm. Kelly und mich haben sie gefragt, ob wir auch mitmachen, für hundert Gulden. Jetzt ist Kelly oben mit Paula, und ich muss hier warten, bis sie fertig sind.«

In diesem Moment spürte ich, wie Mike den Druck seiner Arme um meine Hüfte verstärkte. So kräftig, dass ich fast keine Luft mehr bekam. Erstaunt schaute ich ihn an. Seine Augen sprühten Feuer, der Blick durchbohrte mich. Mit einer Beherrschung, die mir Schauer über den Rücken jagte, fragte er: »Hast du auch mitgemacht?«

»Nein, natürlich nicht! Wofür hältst du mich?«

Ich versuchte, mich aus dem Griff zu befreien, doch es war unmöglich. Mike packte mein Kinn und riss es hoch. Er beugte sich zu mir hinab und sagte: »Wenn er deinen Kopf gefilmt hat und ihn dann auf einen anderen Körper montiert, spielst du auch in einem Pornofilm mit, ohne dass du es willst. Wenn das der Fall ist, und ich komme dahinter, schlage ich dir den Kopf ab.« Er ließ mich los.

Ich landete wörtlich und im übertragenen Sinne mit beiden Füßen auf dem Boden der Tatsachen. Wie konnte ich auch nur eine Sekunde geglaubt haben, er habe sich geändert? Gleichzeitig schmeichelte mir aber auch der Gedanke, dass Mike sich wirklich Sorgen um mich machte. Es gab mir das Gefühl, beschützt zu werden.

Mike durchquerte das Wohnzimmer, öffnete die Tür zur Treppe und brüllte nach oben: »Dreckige Hure! Du glaubst doch wohl nicht, dass Merel in Zukunft noch ein einziges Mal dieses Haus betritt! An deiner Stelle würde ich mich bedeckt halten, sonst komme ich zurück und stell dir deine Bude auf den Kopf!«

Er drehte sich um, packte eine Lampe, die auf dem Tisch stand, und schleuderte sie in den Wandspiegel. Ich stand neben dem Spiegel und konnte gerade noch zur Seite springen. Es hatte nicht viel gefehlt, und die Lampe hätte mich voll im Gesicht getroffen.

Mit meiner Selbstbeherrschung war es vorbei. Die Tränen kullerten mir über die Wangen. Mike kam zu mir und nahm mich wieder in den Arm. »Du bist meine Freundin, du gehörst zu mir.«

Danach gingen wir nach Hause.

Zu Hause verkroch ich mich in eine Sofaecke. Mich beschäftigte immer noch, was heute geschehen war.

»Soll ich dir ein Bad einlaufen lassen?«, schlug Mike vor.

Hm, das war eine klasse Idee.

Der herrliche Duft von Blumen drang die Treppe hinunter ins Wohnzimmer. Neugierig stiefelte ich nach oben, um zu sehen, was Mike da anstellte. Ich öffnete die Badezimmertür und wurde von einer Dampfwolke begrüßt. Ich schnupperte den herrlichen Duft und konnte es kaum fassen.

Mike stellte sich hinter mich. »Na, wie findest du das?«, frage er mit seiner heiseren Stimme.

»Wie kommst du an diesen tollen Schaum?«

»Das habe ich heute extra für dich gekauft.«

Er begann mich langsam auszuziehen. Als ich nichts mehr anhatte, gab er mir einen Kuss in den Nacken und drehte mich um. Mit den Augen verschlang er meinen nackten Körper. Ganz sanft und leise sagte er: »Ich habe dich vermisst.«

Die Art und Weise, wie er mich anschaute, und mit mir sprach, warfen mich einfach um. Jetzt war ich mir sicher, Mike hatte sich geändert. Er war wieder ganz er selbst. Es wird doch wieder alles gut, sagte ich mir.

Vorsichtig küsste ich seine Lippen, die Antwort war ein feuriger Kuss. Die Schmetterlinge in meinem Bauch waren sofort wieder da. Es war ein überwältigendes Gefühl. Wie sehr hatte ich es vermisst.

Uns liebend landeten wir im berauschend duftenden Wasser. Wir blieben in der Badewanne, bis das Wasser abgekühlt war. Danach fielen wir angenehm duftend und befriedigt auf dem Bett in Schlaf.

Es war ein Abend, den ich nie vergessen werde.

Kelly und ich wollten an diesem Tag mit Giel, einem Freund von Mike, und einem anderen Typen in die Stadt gehen. Mike musste noch irgendwelche komischen Dinge erledigen, konnte also nicht mitkommen. Um ungefähr elf Uhr machten wir uns zu Fuß auf den Weg, und ein wenig später erreichten wir eine schmale Gasse, die so eng war, dass die Autos und Fußgänger gerade so aneinander vorbeikamen, obwohl die Autos in der Einbahnstraße nur in eine Richtung fuhren. Auf halbem Wege kam uns ein Auto entgegen, das in der falschen Richtung unterwegs war. Giel trat auf die Straße, machte Zeichen, dass das Auto halten sollte und schrie aufgebracht: »He, hier darfst du nicht fahren! Wenn die Bullen dich schnappen, kostet das richtig Schotter!«

In diesem Moment gab der Fahrer Gas. Giel versuchte noch, zur Seite zu springen, landete aber auf der Motorhaube und trat daraufhin wütend gegen die Windschutzscheibe, die zu Bruch ging.

Kelly nahm meinen Arm und krallte sich daran fest. Ängstlich warteten wir ab, wie das Ganze enden würde. Der andere Typ, der bei uns war, brüllte dem Fahrer zu, er solle anhalten. Das Auto bremste heftig, und Giel fiel zu Boden. Wir sahen, dass der Fahrer aussteigen wollte, als Giel uns zurief, wir sollten verschwinden. Ohne lange zu überlegen, begannen Kelly und ich zu laufen. In einer Straße etwas weiter unten sahen wir eine Buchhandlung. Wie der Blitz schossen wir hinein und versteckten uns völlig außer Atem hinter einem Ständer mit Postkarten.

»Wo sind denn die anderen geblieben?«, fragte Kelly leise.

»Pst«, sagte ich noch leiser, »schau mal raus.«

Dort lief der Fahrer wild gestikulierend herum. Neben ihm ging ein Polizist. Sie waren auf der Suche nach uns, obwohl wir überhaupt nichts getan hatten. Nachdem wir uns eine Viertelstunde in der Buchhandlung versteckt hatten, wagten wir uns auf die Straße. Vorsichtig schlichen wir in Richtung der Stelle, wo alles passiert war.

»Ich traue mich nicht, durch die Straße zu laufen«, meinte Kelly. »Du etwa?«

»Nein, ich schätze, das lassen wir lieber. Aber was sollen wir jetzt tun? Die anderen sind weg.«

»Vielleicht ist es am besten, wenn wir nach Hause gehen und uns da etwas einfallen lassen. Mir reicht es mal wieder«, meinte Kelly seufzend.

»Gute Idee.«

Immer noch auf der Hut, machten wir uns auf zu Mike. Als wir uns ein wenig von dem Schrecken erholt hatten und uns einem Bahnübergang näherten, den wir überqueren mussten, sahen wir bei einem Blumenstand den Typen stehen, der bei uns gewesen war. Er hatte uns auch bemerkt und winkte. Wir gingen zu ihm und setzten uns neben ihn auf die Bordsteinkante am Blumenstand.

»Wisst ihr, wo Giel ist?«, fragte er.

»Nein«, sagte Kelly.

»Ich dachte, ihr wärt noch zusammen.«

»Nein, aber wir haben diesen Kerl noch gesehen, in Begleitung eines Bullen. Du auch?«, fragte Kelly.

»Nein. Dann schätze ich, dass Giel schon zu Hause ist. Sollen wir uns aufmachen?«

»Ja, das ist wohl das Beste.« Ich stand auf.

Plötzlich hörten wir eine laute Stimme hinter dem Blumenstand: »Da! Da, das sind sie!«

Ich schaute hoch und sah den Fahrer des Wagens mit einem Polizisten auf uns zukommen. Sie begannen zu laufen. Wir hatten nicht die geringste Chance, uns aus dem Staub zu machen. Der Polizist forderte Unterstützung an. Ein Polizeiauto tauchte auf, aus dem eine Polizistin ausstieg, die uns grob Handschellen anlegte. Gewaltsam wurden wir auf den Rücksitz des Wagens befördert.

Die beiden Polizisten setzten sich vorne in den Wagen, und wir fuhren los. Der Polizist meldete der Zentrale über Funk: »Wir haben drei Festnahmen.«

»Vier! Ich zähle für zwei!«, rief Giels Freund.

Der Fahrer trat heftig auf die Bremse. Der andere Polizist drehte sich um und versetzte Kelly einen Stoß. »Ihr haltet die Klappe, sonst ziehen wir andere Saiten auf!«, schrie er uns an.

Ich konnte nicht an mich halten und schoss zurück: »Du hast wohl was gegen Frauen? Scheißkerl!«

Kelly ging in Deckung und konnte dem nächsten Schlag gerade noch ausweichen. Danach hielten wir alle den Mund. Es war wohl vernünftiger, einfach abzuwarten, was geschehen würde.

Auf der Polizeiwache wurde Giels Freund sofort in eine Zelle gesperrt. Kelly und ich durften in einem Vernehmungszimmer bleiben.

»Wir müssen dieselbe Geschichte erzählen, sonst ist es nicht glaubwürdig«, flüsterte ich Kelly zu.

»Ob man hier wohl rauchen darf?«, fragte sie.

»Keine Ahnung.«

»Ich stecke mir einfach eine an.« Sie setzte es sofort in die Tat um. Im Handumdrehen war der kleine Raum mit blauem Qualm gefüllt, und der Rauchmelder begann zu heulen.

Zwei Polizisten stürzten herein, einer schrie: »Wer in Gottes Namen hat hier eine Zigarette angesteckt?«

Natürlich wussten wir von nichts. Ich merkte, dass es mir immer mehr Spaß machte, die Kerle auf den Arm zu nehmen. Aber der Spaß verging mir, als sie Kelly mit zum Verhör nahmen.

Fünf Minuten später hörte ich plötzlich wildes Geschrei auf dem Flur. Vorsichtig ging ich zur Tür, um zu lauschen, was da draußen los war. Es war Kelly, die fürchterlich tobte. Das setzte mir ganz schön zu, denn ich hatte ja keine Ahnung, was da passierte, also setzte ich mich wieder an den Tisch. In diesem Moment wurde die Tür geöffnet. Als ich mich umdrehte sah ich, dass Giels Freund hereinkam.

Nachdem die Tür wieder hinter ihm geschlossen worden war, sagte er: »Ich bin Kelly im Gang begegnet. Sie muss in die Zelle.«

»Warum?«, fragte ich erschrocken.

»Sie hat die Klappe zu weit aufgerissen, mehr nicht. Wahrscheinlich wollen sie ihr eine Lehre erteilen.«

Wir mussten noch ungefähr anderthalb Stunden in dem kleinen Raum warten, bevor ich an der Reihe war. Das Verhör wurde von einem älteren Mann in einem ebenfalls winzigen Raum geführt. Er fragte mich nach meinem Namen, was ich machte und was ich von dem Vorfall mitbekommen hatte, und ob ich den jungen Mann kennen würde, der das Ganze veranstaltet hatte. Ich sagte, er sei ein Freund von Mike, sonst wisse ich nichts über ihn.

»Du bist also die Freundin von Mike?«, fragte er.

Ich nickte.

»Dann weiß ich genug.« In seinen Augen bemerkte ich Mitleid, als er das sagte.

»Er hat sich gebessert«, versuchte ich Mike zu verteidigen.

»Sich gebessert? Mädchen, Mädchen! Wenn dem so wäre, hätte er den Kontakt zu seinen Freunden abgebrochen. Du siehst ja, durch einen seiner Freunde sitzt du mir jetzt gegenüber.«

Einen Moment war es still.

Dann wurde die Tür geöffnet. Kelly und Giels Freund kamen in Begleitung einer Polizistin herein. Die Polizistin sagte zu dem Mann, der das Verhör mit mir führte: »Er hat sich selbst angezeigt, die jungen Damen können gehen.«

Pff, war ich froh! Ich wollte nichts wie weg aus dem Raum. Trotzdem blieb ich noch kurz an der Tür stehen. Ich drehte mich zu dem Mann um, der mich verhört hatte. Er erwiderte meinen Blick. Starr, unverwandt. Ich machte nur noch, dass ich rauskam. Ich wusste genau, was er dachte. Und das Schlimmste war, ich wusste, dass er Recht hatte.

Unten am Empfang mussten wir noch eine Reihe von Formularen unterschreiben. Giel war auch dort. Er kam zu uns und erzählte, er habe in der Nähe des Blumenstands in den Büschen gelegen, als er sah, dass wir verhaftet wurden. Da sei er schnell zu Mike gelaufen und habe gefragt, was er tun sollte. Giel hatte noch einige Strafmandate laufen und traute sich nicht, zur Polizeiwache zu gehen. Daraufhin hatte Mike irgendwoher Geld hervorgezaubert und die Strafmandate bezahlt, sodass Giel sich selbst anzeigen konnte.

Das Ganze hatte glücklicherweise keine schlimmen Folgen. Am Ende stellte sich sogar heraus, dass der Fahrer des Autos schuld war. Als ich das hörte, dachte ich, wie überflüssig das alles gewesen war. Ich hatte die Schnauze voll davon.

Auf dem Nachhauseweg ging mir das Verhör nicht aus dem Kopf. Nachdem Mike aus dem Gefängnis zurückgekommen war, hatte ich das Jugendamt zeitweise völlig vergessen. Aber sie würden eine Lösung für mich suchen. Und selbst wenn sich Mike wirklich geändert haben sollte, es war trotzdem besser, ihn zu verlassen.

Die nächste Woche verlief ruhig. Mike war unheimlich lieb zu mir, und ich genoss seine Aufmerksamkeit. Wenn mein Hunger zu groß wurde, ging ich zu meiner Mutter und aß dort etwas. Sie erkundigte sich immer, wie es mir ging.

»Sobald ich etwas vom Jugendamt höre, benachrichtige ich dich sofort«, sagte sie mir jedes Mal. Sie fand, dass es verdammt lange dauerte.

Ich ertappte mich dabei, dass ich das Warten eigentlich gar nicht so schlimm fand. Jetzt, wo er sich so geändert hatte, war es toll, bei Mike zu sein. Natürlich ließ ich das meine Mutter nicht merken, sonst wäre sie bestimmt wütend geworden.

Als ich sie an diesem Tag besuchte, war es die gleiche Geschichte. Das Jugendamt hatte sich noch nicht gemeldet. Meine Mutter hatte neue Jeans und ein Paar neue Schuhe für mich gekauft.

»Die brauchst du wirklich«, hatte sie gesagt. »Jedes Mal sehe ich dich in denselben Klamotten, wenn du mich besuchst.«

Ich freute mich unheimlich darüber und fuhr in meinem neuen Outfit nach Hause.

Begeistert betrat ich das Wohnzimmer, wo Barbara und Job zusammen mit Mike auf dem Sofa saßen. Fröhlich begrüßte ich sie.

Mike musterte mich von oben bis unten. »Woher hast du die Sachen?«, fragte er.

»Gefallen sie dir nicht? Ich habe sie von meiner Mutter bekommen.«

»Das ist doch wohl das Letzte!«, schimpfte er. »Schließlich sorge ich für dich.«

»Bist du etwa beleidigt?«, höhnte Barbara.

»Nein, nicht wirklich«, murmelte er, »aber ich finde das unsinnig.«

»Komm, Mike«, meinte Barbara ärgerlich, »du stellst dich an. Du hast doch keinen roten Heller. Wie willst du da für sie sorgen?«

In diesem Moment ging die Schiebetür auf. Es war Kelly. »Hallo!«, sagte sie fröhlich.

Niemand reagierte.

»Alles in Ordnung hier?«, fragte sie.

»Ja«, sagte ich.

»He, hast du neue Klamotten? Steht dir gut«, meinte sie begeistert.

Ich wagte Mike nicht anzuschauen. Barbara schien die Situation lustig zu finden, denn sie begann lauthals zu lachen.

»Willst du einen Kaffee?«, wandte sich Mike an Kelly.

»Ja, prima!« Sie ließ sich aufs Sofa fallen.

»In der Küche steht eine Kanne«, sagte Mike. »Bedien dich selbst, ich muss mal eben nach oben.«

Er stand auf, griff nach meiner Hand und zog mich mit nach oben. Überrascht ließ ich es zu. Während er mich mit nach oben nahm, schaute ich noch einmal zu Barbara, Job und Kelly hinüber. Sie schienen ebenfalls überrascht zu sein. Einzig Barbara wusste wohl, worum es ging, denn sie rief: »Viel Spaß!«

Oben im Schlafzimmer versetzte mir Mike einen

leichten Stoß, sodass ich sanft aufs Bett fiel. Ich wusste nicht was kommen würde und schaute ihn unsicher an.

»Zieh dich aus!«, befahl er mir und öffnete seine Hose.

»Weshalb soll ich mich ausziehen?«

»Tu nicht so dumm!«, schnauzte er mich an. »Du weißt doch wohl, was ich will.«

»Ja, natürlich weiß ich, was du willst. Aber ich kapiere nicht, weshalb das jetzt sein muss.«

Er legte sich neben mich. Während er mich auszog, sagte er ganz leise: »Heute Abend darfst du mit Barbara und Ron ausgehen. Du brauchst das. Mal für eine Weile alles von dir abfallen lassen. Die Zeit, in der ich im Knast war, ist schwer für dich gewesen. Dass du heute Abend ausgehen kannst, ist die Belohnung. Leider kann ich nicht mitkommen. Ich werde dich sehr vermissen.«

Er küsste mich sanft auf den Mund. Dann wanderte er zum Hals hinab. Ein warmes Gefühl erfasste mich. Eigentlich fand ich es sehr nett von ihm, dass er mir einen Abend in der Stadt erlaubte. Ich wusste, dass Liebe machen Mikes Art war, mir seine Zuneigung zu zeigen. Also vergaß ich meine Überraschung und machte mit.

Ich lag noch da und dachte darüber nach, was sich eben abgespielt hatte, als Mike die Badewanne für mich volllaufen ließ. »Du kannst dich richtig schön frisch machen für heute Abend«, sagte er.

Das Bad war herrlich. Unten hörte ich ab und zu, wie Barbara Mike anschrie, aber ich konnte nicht verstehen, worum es ging. Es interessierte mich auch nicht, ich genoss das Bad.

Nachdem ich mich angezogen hatte, ging ich nach unten. Es duftete verführerisch nach chinesischer Küche. »Job hat uns eingeladen«, sagte Kelly mit Nachdruck.

»Lecker! Kommst du heute Abend auch mit?«, fragte ich sie.

Sie wich meinem Blick aus und ging nicht auf die Frage ein. »He, hier fehlen noch Teller«, sagte sie stattdessen. »Hilfst du mir kurz?«

Ich ging mit ihr in die Küche und nahm ein paar Teller aus dem Schrank.

»Merel, ich darf dir eigentlich nichts sagen, wegen Mike, aber geh heute Abend auf keinen Fall mit«, flüsterte sie mir ins Ohr.

»Warum?« Ich flüsterte ebenfalls.

»An deiner Stelle würde ich behaupten, dass du krank bist. Du musst irgendwie zusehen, dass du nicht mitzugehen brauchst. Mehr kann ich nicht sagen.«

»Ach, komm, sag schon, Kelly!«, meinte ich etwas zu laut.

»Psst, leise, sonst hört Mike uns noch.«

»Was darf Mike denn nicht hören?«, drängte ich.

Wütend nahm mir Kelly die Teller aus der Hand. Sie schaute mir starr in die Augen: »Komm, Merel, überleg doch mal! Barbara hat schon die ganze Zeit Krach mit Mike wegen eures Ausflugs heute Abend. Glaub mir, an der Sache ist etwas faul.«

Damit ließ sie mich stehen und verließ die Küche.

Ich zuckte mit den Achseln. Wahrscheinlich ist sie eifersüchtig, redete ich mir ein.

Während des Essens sprachen Kelly und ich kein Wort miteinander. Sollten wir etwa plötzlich Krach bekommen, nur weil ich einen Abend mit Barbara und Ron ausgehen wollte? So kannte ich Kelly gar nicht.

Nach dem Essen machte ich den Abwasch. Kelly kam in die Küche. Ich starrte auf die Teller.

»Hast du dich schon entschieden?«, fragte sie.

Ich gab keine Antwort.

»Merel, stell dich nicht so dumm!«

»Wieso ›dumm‹? Du bist doch nur eifersüchtig.« Ich war jetzt auch wütend.

»Merel, was Mike heute Abend vorhat, ist wirklich nicht normal!«, schrie sie.

Ich erschrak über ihr Geschrei, und Mike ging es wohl nicht anders, denn er erschien in der Küche.

»Gibt es Probleme?«

Ich sagte nichts und starrte weiter vor mich hin.

Auch Kelly hielt den Mund. Sie schaute mich an. »Nein, wir haben keine Probleme«, sagte sie. »Ich gehe jetzt nach Hause.«

Sie drehte sich um und verließ die Küche. Auch Mike verschwand.

Die Tränen schossen mir in die Augen. Ich verstand nicht, weshalb Kelly so heftig war. Aber nur wegen dieses Vorfalls würde ich mir den Abend nicht verderben lassen, schwor ich mir.

Als ich fast fertig mit der Küche war, kam Mike rein. »Bist du bereit?«, fragte er.

»Ja, ich denke schon.«

»Schön. Gib mir einen Kuss, Barbara und Ron warten schon im Auto auf dich.«

Ich gab ihm einen Kuss, lief nach draußen und stieg ins Auto. Barbaras Parfüm hing schwer in der Luft.

Während wir die Stadt verließen, dachte ich an Kelly. Ich ärgerte mich immer noch. Gleichzeitig fand ich es unheimlich spannend, mal einen Abend rauszukommen. Nur schade, dass Mike nicht mitkommen konnte.

Nach einer halben Stunde Fahrt näherten wir uns in einer anderen Stadt einer kleinen Straße, in der viele Leute unterwegs waren. Ron hielt an der Straßenecke.

»Komm, Merel«, sagte Barbara, als sie ausstieg, »hier müssen wir raus.«

Ich stieg aus, und Ron fuhr sofort weiter.

»Stellt Ron das Auto irgendwo ab?«, fragte ich.

Barbara fasste mich am Arm und zog mich mit sich mit. »Jetzt hör mir mal zu«, sagte sie, während sie ein schnelles Tempo vorlegte. »Ich habe wegen dieser Geschichte den ganzen Abend Streit mit Mike gehabt. Ich will es nicht, aber er besteht darauf.«

Ich riss mich los und blieb stehen. »Was meinst du damit?«

Barbara seufzte und griff erneut nach meinem Arm. »Ach, lass nur. Ich erkläre es dir gleich.«

Wir kamen in eine lange, dicht bevölkerte Straße. Über den Fenstern hingen überall Lampen, und es waren nur Männer unterwegs. Irgendwie wirkte das Ganze gemütlich. Aus dem Augenwinkel sah ich schemenhaft jemanden hinter einem der Fenster sitzen. Plötzlich wurde mir klar, wo ich war. Sofort blieb ich stehen. Barbara ließ meinen Arm los, und sie schaute mich überrascht an.

»Was ist denn jetzt schon wieder?«, fragte sie ungehalten.

»Wo sind wir?« Ich gab ihr keine Zeit, meine Frage zu beantworten. »Das hier ist dein Arbeitsplatz!«, schrie ich sie an.

Die Passanten blieben stehen und beobachteten uns.

»Psst!«, zischte Barbara. »Mach hier jetzt bitte keine Szene auf der Straße. Da vorne, zwei Fenster weiter, können wir reingehen.«

Wieder griff sie nach meinem Arm. Doch diesmal schüttelte ich sie ab.

»Ich kann alleine gehen!«, schnauzte ich.

Es schien mir in der Tat sicherer zu sein, irgendwo hineinzugehen.

Barbara schloss eine Tür neben einem Fenster auf, das unbeleuchtet war. Wir betraten einen langen Flur. Als Barbara die Tür hinter uns zumachte, blieb ich stehen.

Barbara gab mir einen leichten Stoß in den Rücken. »Komm, weitergehen, ich werde dir alles erklären.«

Ich blickte den langen Flur hinunter. Gleich rechts war eine Tür. Ein paar Meter weiter, ebenfalls auf der rechten Seite, war die nächste Tür.

»Hier, die erste Tür rechts ist unsere«, sagte Barbara.

Ich ging durch die Tür und kam in ein kleines Zimmer. In der Mitte des Raums befand sich ein Tisch mit zwei Stühlen. Vor dem Fenster hing eine große dunkle Gardine, davor eine Art niedriges Podest mit einem Sessel darauf. Links hing auch eine Gardine, die zur Seite geschoben war. Dahinter sah ich einen kleinen Raum mit einem Bett und einem Waschbecken.

Ich setzte mich auf einen der Stühle am Tisch.

Barbara warf ihre Tasche auf den anderen Stuhl und begann nervös herumzulaufen. »Hör mir zu, Merel«, begann sie. »Ich habe heute Abend wirklich alles getan, um Mike davon zu überzeugen, dass dies keine gute Idee ist.«

»Was für eine Idee?«, unterbrach ich sie.

»Lass mich bitte ausreden. Mike will, dass ich dir das hier beibringe, aber dafür bist du viel zu jung. Er hört nicht auf mich. Er meint, das Geld reicht nicht, um den Lebensunterhalt für euch beide zu bestreiten. In seinen Augen ist es die einzige Lösung, dich hier ins Fenster zu setzen und für ihn anzuschaffen.«

Mir drehte sich der Magen um. Ich wollte nicht glauben, dass Mike mir das antun würde. »Das war bestimmt Rons Idee. Mike würde das nie wollen«, verteidigte ich ihn.

»Ron hat den ganzen Abend genau wie ich versucht, Mike davon zu überzeugen, dass es unmöglich ist. Du bist viel zu jung. Ron will auch nichts damit zu tun haben. Normalerweise bringt er mich zu meinem Zimmer und wartet dann im Zimmer ganz hinten, bis ich fertig bin. Heute hat er sich abgesetzt und kommt uns nachher zusammen mit Mike abholen.«

»Du glaubst doch wohl nicht, dass ich das hier tue?« Mir schlotterten die Knie.

Einen Moment schwieg sie. Seufzend holte sie etwas aus ihrer Jackentasche. »Hier, das soll ich dir zeigen, hat Mike gesagt.«

Sie hielt mir die geschlossene Hand hin. Als sie die Hand öffnete, überlief es mich heiß und kalt. In meinen Ohren brauste es, und das Herz schlug mir bis zum Hals. Ich begann zu weinen. In ihrer Hand lag der Knopf vom Autoradio meiner Mutter.

»Er meint es ernst, was?«, sagte Barbara leise.

Ich brachte keinen Ton heraus, mein ganzer Körper wurde vom Weinkrampf geschüttelt. Barbara schaute mich voller Mitleid an.

Ich wischte die Tränen weg. »Es muss wohl sein«, presste ich tapfer hervor. »Sag mir, was ich zu tun habe.«

Barbara stand auf und griff nach ihrer Tasche. »Komm mit, ich zeige dir dein Zimmer.« Wir betraten den Gang. »Das hinterste Zimmer ist deins.«

Wir öffneten die Tür des Zimmers, das für mich bestimmt war, und kamen in einen kleinen, muffigen Raum. Darin befanden sich ein Waschbecken, ein Bett und ein Stuhl. Das war alles. Barbara stellte ihre Tasche auf den Stuhl. Während sie etwas Kleidung daraus hervorholte, sagte sie: »Das hier borge ich dir heute. Du musst es anziehen und dich dann zu mir ins Fenster setzen. Ich stelle noch einen zweiten Sessel dazu.«

Sie legte die Kleidung aufs Bett. Wie betäubt schaute ich darauf.

»Neben dem Waschbecken findest du ein paar Sachen, um dich frisch zu machen«, sagte sie, bevor sie ging. In der Tür blieb sie noch einmal stehen. »Ach ja, Mike hat gesagt, dass du nicht küssen darfst, und du musst ein Kondom benutzen. Außerdem will er, dass du nicht weniger als fünfunddreißig Gulden verlangst.« Sie drehte sich um und verließ das Zimmer.

Ich begann zu würgen. Am Waschbecken stand ein Glas Wasser. In der Hoffnung, dadurch das Gefühl der Übelkeit zu vertreiben, nahm ich ein paar Schlucke. Erneut schossen mir die Tränen in die Augen. Mike hatte mich im Griff. Mir blieb nichts anderes übrig, als ihm zu gehorchen. Es gab niemanden, der mir helfen konnte.

Ich gab mir einen Ruck und zog die Kleidung an.

Kurze Zeit später klopfte es an der Tür. »Bist du fertig?«, hörte ich Barbara fragen.

»Ja, ich komme.« Zusammen gingen wir in ihr Zimmer. Ich sah, dass die Gardine jetzt geöffnet war und zwei Sessel auf dem Podest standen. Ich setzte mich in einen der beiden. Das Podium wurde durch ein helles Hintergrundlicht beleuchtet. Barbara ließ sich neben mir in dem anderen Sessel nieder.

Ich beobachtete, wie die Männer vorbeigingen. Wenn einer stehen blieb, um uns zu begutachten, drehte ich schnell den Kopf zur Seite. Barbara verhandelte dann mit dem Mann über den Preis. Doch sie wurden sich nie einig, deshalb gingen die Männer weiter.

Wieder kam ein Mann, der an unserem Fenster stehen blieb, und ich wendete mein Gesicht ab. Gleichzeitig hielt ich den Atem an und wartete, was geschehen würde.

»Er will dich«, sagte Barbara.

Ich wagte nicht, den Kopf zu heben.

»Warte, ich verhandle für dich«, sagte sie.

Mir stockte der Atem, und ich hoffte nur, dass sie sich nicht über den Preis einigen würden.

»Fünfzig geht in Ordnung«, hörte ich Barbara sagen. »So, jetzt kannst du deine ersten fünfzig Gulden verdienen«, meinte sie leise zu mir. Sie drückte auf einen Knopf unterhalb des Fensters, und ich hörte, wie sich im Flur eine Tür öffnete.

»Komm, Mädchen, Kopf hoch! Geh zu ihm und bring ihn in dein Zimmer. Über alles andere weißt du Bescheid«, sagte sie eindringlich.

Wie betäubt stand ich auf und ging in den Flur, um den Mann abzuholen.

Vor mir stand ein magerer Kerl und wartete auf mich. Er wirkte gepflegt und lächelte mich freundlich an. Ich drehte ihm den Rücken zu und sagte: »Bitte, kommen Sie.« Schweigend gingen wir zu meinem Zimmer.

Drinnen setzte ich mich aufs Bett. Ich kämpfte mit den Tränen. Der Mann nahm auf dem Stuhl Platz und sah mich durchdringend an. Ich wusste nicht, wie ich mich verhalten sollte. »Eh, Sie dürfen mich nicht küssen und müssen ein Kondom benutzen«, sagte ich hastig.

Der Mann schaute mich überrascht an. »Wer hat sich das denn ausgedacht?«

»Mein Freund«, sagte ich bestimmt.

Der Mann stand auf, kam auf mich zu und blieb neben dem Bett stehen. Er beugte sich hinab und blickte mir starr ins Gesicht. »Wie alt bist du?«, fragte er.

»Achtzehn.«

Er musterte mich von oben bis unten. Dann holte er sein Portemonnaie aus der Tasche. Gespannt sah ich zu. Er nahm zwei Scheine heraus und steckte seine Geldbörse wieder weg. Das Geld warf er neben meine Füße aufs Bett. Es waren fünfunddreißig Gulden.

»Ich glaube dir kein Wort. Du bist auf jeden Fall noch minderjährig. Ich habe keine Lust, mir Schwierigkeiten einzuhandeln. Gib das Geld da deinem Freund und tu einfach so, als hättest du es verdient«, sagte er und verschwand.

Völlig perplex blieb ich auf dem Bett sitzen und starrte auf das Geld. Im Hintergrund hörte ich, wie die Tür geschlossen wurde. Gleichzeitig hörte ich die Tür von Barbaras Zimmer aufgehen. Ihre Schritte kamen immer näher. Schnell stopfte ich das Geld in einen meiner Schuhe.

»Was ist passiert?«, hörte ich Barbara auf der anderen Seite der Tür fragen.

Ich ließ sie rein. »Er hat mir nicht geglaubt, dass ich achtzehn bin. Er wollte keinen Ärger kriegen und ist abgehauen.«

»Hat er wenigstens gezahlt?«

»Nein, wir haben ja auch nichts miteinander gemacht«, sagte ich mutig.

Barbara schaute mich zweifelnd an. »Na gut. Komm, dann gehen wir wieder nach vorne, um neue Kunden zu finden.«

Wieder saß ich in dem Sessel, und wieder blieben Männer vor dem Fenster stehen, um mich anzugaffen. Bei jedem Mann, der stehen blieb, drehte sich mir der Magen vor innerer Anspannung zehn Mal um. Würde er weitergehen? Mein Abscheu war mir offenbar deutlich anzumerken, denn immer liefen sie weiter.

Barbara seufzte. »So geht das nicht«, sagte sie entmutigt. »Du vertreibst sogar mir die Kunden. Weißt du was? Setz dich hier in die Ecke, dann sieht dich niemand.«

»Und was erzähle ich Mike, wenn ich mit leeren Händen nach Hause komme?«, fragte ich besorgt.

»Ich arbeite für dich mit, wir teilen uns einfach den Erlös. Und dann sagen wir, heute Abend wäre nicht viel los gewesen. Aber ich kann dir nur heute aus der Patsche helfen. Morgen musst du es dann auf jeden Fall noch mal probieren.«

Ich stand auf und gab ihr einen Kuss auf die Wange.

»Du bist ein Schatz! Und Mike werde ich heute Nacht schon noch davon überzeugen, dass das hier wirklich nichts für mich ist.«

»Das wird schwer werden«, sagte sie. »Frag mich nicht warum, aber irgendwie habe ich eine Schwäche für dich. Ich werde dir helfen, wo ich kann. Du bist ein liebes Mädchen. Du hast Besseres verdient. Aber mehr als das kann ich wirklich nicht für dich tun.«

Mit einem Lächeln der Erleichterung verzog ich mich in die Ecke. Eine große Last fiel von mir ab.

Barbara hatte viel zu tun. Ein Mann nach dem anderen kam rein. Ungefähr um halb zwölf reichte es ihr, und sie zog die Gardine zu. Sie hatte vierhundert Gulden eingenommen. Zweihundert gingen für die Zimmermiete weg. Den Rest teilten wir uns.

»Halte dich daran, was wir besprochen haben, dann wird Mike auf jeden Fall für heute zufrieden sein. Morgen solltest du vorher etwas Starkes trinken, danach fällt dir alles leichter«, empfahl sie mir.

»Morgen bin ich nicht mehr dabei«, sagte ich fest entschlossen. »Wenn Mike heute Nacht schläft, haue ich ab. Ich weiß noch nicht wohin, aber ich mache mich aus dem Staub.«

»Ich hoffe für dich, dass es dir gelingt« meinte Barbara. Sie schien ihre Zweifel zu haben.

Als Ron und Mike kamen, um uns abzuholen, nahm mich Mike in den Arm.

»Und, wie ist es gelaufen?«, fragte er interessiert.

Ich schaute ihn voller Abscheu an.

»Komm, Mädchen«, sagte er, »kannst du dir nicht vorstellen, dass das für mich genauso schwierig ist wie für dich? Ich muss dich jetzt mit all den anderen Kerlen teilen. Das ist für mich auch alles andere als lustig, das kannst du mir glauben. Aber wir brauchen einfach Geld. Nach dem, was ich schon alles für dich getan habe, kannst du ruhig etwas zurückgeben.«

Ich sagte nichts. Vielleicht stimmte es sogar, was er sagte. Vielleicht war es für ihn wirklich genauso schwierig wie für mich.

Zu Hause verlangte Mike das Geld von mir. Ich holte die hundert Gulden aus der Tasche und gab sie ihm. Das andere Geld ließ ich in meinem Schuh.

»Ist das alles?«, fragte Mike verwundert.

»Ja, es war ein mieser Abend, meinte Barbara. Wir können froh sein, überhaupt so viel eingenommen zu haben.«

Er steckte das Geld in die Hosentasche. »Na ja, morgen ist ja auch noch ein Tag.«

»Morgen gehe ich nicht«, sagte ich leise. »Du kannst dich auf den Kopf stellen, ich gehe da nie wieder hin.«

Mike machte große Augen. Bevor ich wusste, wie mir geschah, hatte er ausgeholt und mir einen Schlag ins Gesicht verpasst. Es tat unglaublich weh, doch ich wollte es mir nicht anmerken lassen.

Herausfordernd blickte ich ihn an. »Du kannst so hart zuschlagen, wie du willst, das macht mir nichts aus!«, schrie ich.

Er griff in meine Haare und riss mich zu Boden. Ich kreischte vor Schmerzen. Doch Mike machte weiter und zerrte mich in den Flur. Ich versuchte vergeblich, den Griff seiner Hände in meinen Haaren zu lockern.

Er öffnete die Kellertür. Mit einem kräftigen Stoß

warf er mich die Treppe hinab. Heftig schlug ich auf dem feuchten Boden auf. Dort blieb ich liegen.

»Du wirst noch darum betteln, morgen wieder arbeiten zu dürfen!«, brüllte er oben an der Treppe. Die Tür fiel ins Schloss, und ich hörte, wie er abschloss.

Am liebsten hätte ich geheult, doch es kamen keine Tränen. Ich spürte, dass ich meine eigenen Gefühle nicht mehr an mich heranließ.

Ich wusste, dass ich diese Nacht im Keller verbringen würde. Außerdem war mir jetzt endgültig klar, dass Mike nichts mehr für mich übrighatte, jedenfalls nicht so, wie ich es gewollt hätte.

Ich glaubte, dass ich nur ein paar Stunden gedöst hatte, als ich die Tür aufgehen hörte. Ich blickte hoch und sah Mike in der offenen Tür stehen.

»Na, hast du dich endlich entschlossen, heute Abend zu gehen?«, fragte er in abfälligem Ton.

»Nein, da gehe ich nie wieder hin, das habe ich dir doch gesagt«, schimpfte ich.

»Na gut, das musst du selbst wissen. Du kriegst nichts mehr zu essen und zu trinken, solange du da unten bist. Ich lasse dich raus, wenn du es dir überlegt hast.« Er machte die Tür wieder hinter sich zu.

Ich schaute mich um, ob irgendwo etwas zu trinken war. Doch leider gab es im Keller nichts außer Werkzeug.

Plötzlich erinnerte ich mich an den Zettel, den ich hier versteckt hatte. Den Zettel von einem von Mikes Freunden, auf den er damals seine Telefonnummer geschrieben hatte, für den Fall, dass mal irgendetwas sein sollte. Ich musste eine Weile überlegen, bevor mir einfiel, wo ich ihn gelassen hatte. Unter einem der Treppenpfosten! Ich nahm ihn und steckte ihn zu dem Geld in meinen Schuh. Ich erinnerte mich noch, wie überrascht ich gewesen war, als er ihn mir gab. Vielleicht konnte ich ihn jetzt doch gebrauchen.

Ich setzte mich wieder auf den Boden und wartete, allerdings wusste ich nicht, worauf. Im Haus war es mucksmäuschenstill. Ich hatte keine Ahnung, ob Mike noch da war. Und ich dachte nicht daran, die Treppe hinaufzugehen, um zu sehen, ob die Kellertür abgeschlossen war. Die Schläge ersparte ich mir lieber.

Wahrscheinlich hatte ich mehrere Stunden geschlafen, als ich durch Stimmen im Flur geweckt wurde. Ich schlich die Treppe hinauf und legte ein Ohr an die Tür. Es waren Mike und Kelly. Gespannt presste ich mein Ohr noch fester an die Tür, um mir nichts von ihrem Gespräch entgehen zu lassen.

»Was soll das heißen, ›Merel ist nicht mehr da‹?«, hörte ich Kelly fragen.

»Sie hat mich verlassen.« Mikes Stimme war total ruhig.

»Das glaube ich nicht«, sagte Kelly. »Sie wäre niemals gegangen, ohne mir etwas zu sagen.«

»Ich verstehe es ja auch nicht. Allerdings war sie gestern sauer auf mich. Sie hasst mich, weil sie für mich anschaffen sollte. Sie war völlig hysterisch, wie ich von Barbara gehört habe. Und dann ist sie wütend abgehauen. Wir haben die ganze Nacht gesucht, konnten sie aber nicht finden. Ich hoffe, dass sie bald von sich hören lässt, aber das bezweifle ich. Es war unglaublich dumm von mir, und ich habe Angst, dass ich sie für immer verloren habe.«

Einen Moment war es still.

»Entschuldige«, sagte Kelly dann, »aber das war weiß Gott dumm von dir. Du musst sie suchen. Vielleicht hängt sie ja noch irgendwo alleine herum und kann nicht nach Hause kommen.«

»Ja, du hast Recht«, sagte Mike. »Geh du jetzt nach Hause, vielleicht ruft sie ja bei dir an. Ich frage Job und Barbara, ob sie mir suchen helfen.«

Sie verließen den Flur, und es wurde still.

Lange Zeit blieb es still im Haus. Ich hatte entsetzlichen Durst, und mein Magen knurrte lauter als je zuvor. Mike hielt sein Versprechen: Ich würde nichts zu essen oder zu trinken von ihm bekommen. Die Angst verdrängte Hunger und Durst. Es schien, als sei jeder vom Erdboden verschwunden. Kelly wartete zu Hause treu auf mich, in dem irrigen Gedanken, Mike würde nach mir suchen.

Hätte ich doch gestern nur auf sie gehört, dann säße ich jetzt nicht hier. So konnte sie mir nicht mehr helfen. Aber ich hatte doch wirklich geglaubt, dass ich einfach nur einen Abend ausgehen würde. Ich wäre nie auf den Gedanken gekommen, dass Mike so etwas mit mir vorhatte.

Die Stille wurde durch das Poltern von jemandem im Haus unterbrochen. Vielleicht war es ja Kelly.

Ich sprang auf, ging die Treppe hoch und schlug, so kräftig ich konnte, gegen die Tür. »Lass mich hier raus!« Ich schrie mir fast die Lunge aus dem Hals.

Das Schloss wurde entfernt, und die Tür ging auf. Vor mir stand Mike. Er schaute mich an, sein Blick ließ keinen Zweifel.

»Kann ich etwas Wasser haben?«, fragte ich leise.

»Du weißt, was du dafür zu tun hast!«

Ich ließ den Kopf hängen. Es hatte doch keinen Sinn, dagegen anzugehen. »Ja, ich weiß, ich werde es tun«, murmelte ich.

»Braves Mädchen!« Er grinste. »Dann komm mal raus.«

Ich schoss an ihm vorbei. In der Küche trank ich hintereinander zwei Glas Wasser. Mike lehnte an der Tür und beobachtete mich grinsend.

»Ich mache mich oben etwas frisch«, sagte ich und ging an ihm vorbei. Als ich oben war, rief ich ihm zu, er solle mir Bescheid sagen, wenn es Zeit zum Gehen sei. Mike antwortete nicht. Statt mich frisch zu machen, legte ich mich aufs Bett. Ich konnte nur noch weinen. Ich sah keinen Ausweg mehr. Heute Abend würde ich wieder hinter dem Fenster sitzen.

Ich wusste nicht, wie lange ich auf dem Bett gelegen hatte. Draußen hörte ich ein Auto hupen. Das wird wohl Ron sein, dachte ich. Durchs Fenster sah ich, dass dort wirklich Rons Auto stand. Ich seufzte. Jetzt war es so weit. Mike rief von unten, es sei Zeit.

Ich reckte mich und ging nach unten. Mike wartete bereits auf mich. Er packte mich und kniff mir kräftig in den Arm.

»Du weißt Bescheid, ja? Nicht, dass du wieder nur mit hundert Gulden nach Hause kommst. Mit weniger als zweihundert gebe ich mich nicht zufrieden.«

Ich schaute ihn verächtlich an, sagte aber nichts und riss mich los. Mit großen Schritten lief ich aus dem Haus und stieg zu Ron und Barbara ins Auto. Wir fuhren weg und ließen Mike zurück.

Unterwegs fragte Ron: »Hast du Mike gut zugehört?«
»Warum?«
»Er besteht darauf, dass du mindestens zweihundert Gulden mitbringst. Barbara arbeitet heute nicht. Sie wird dir die Kniffe beibringen und darauf achten, dass du genug verdienst.«

Erschrocken schaute ich die beiden an. Auch Barbara und Ron konnte ich nicht mehr trauen.

Den Rest der Fahrt schwieg ich. Mein Kopf war leer. Auch als wir unser Ziel erreichten, sprachen Barbara und ich kein Wort miteinander.

Das Zimmer wirkte jetzt noch deprimierender als gestern. In meinem kleinen Raum hinten am Gang machte ich mich frisch und legte die Sachen zurecht. Dann setzte ich mich auf den Sessel am Fenster. Barbara saß hinter mir, um alles zu beobachten.

Am Fenster erschien ein Mann. Er wirkte ziemlich ungepflegt. Mit Gesten fragte er, wie viel Geld ich haben wollte.

»Fünfzig Gulden«, flüsterte Barbara hinter mir.

Ich gab mit den Fingern Zeichen. Der Mann schüttelte den Kopf und ging weiter. Ich war erleichtert, wusste aber, dass es nicht der einzige potentielle Kunde bleiben würde.

Viele Männer blieben vor dem Fenster stehen, musterten mich und liefen weiter.

»Wahrscheinlich glaubst du, dass es gut für dich ist, wenn die Männer nichts von dir wollen. Aber Mike schluckt das nicht, Kleine. Du musst sie mehr anlocken«, flüsterte Barbara wieder hinter mir. Sie hatte Recht, so kam ich nicht weiter.

Meine Aufmerksamkeit wurde durch eine Gruppe junger Männer geweckt, die vor dem Fenster stehen blieben. Auch sie fragten gestenreich, wie viel ich verlangte. Wieder zeigte ich es ihnen. Die Männer begannen zu lachen. Einer machte mir mit Zeichen klar, dass sie alle zusammen für fünfzig Gulden wollten. Ich schüttelte heftig den Kopf.

»Du musst verhandeln«, flüsterte Barbara hinter mir.

»So kannst du auf einen Schlag eine Menge Geld verdienen.«

»Ich gehe aber nicht mit allen gleichzeitig in mein Zimmer«, beschwerte ich mich.

»Oh doch! Das wirst du wohl müssen! Wenn sie genug bieten, hole ich sie rein.«

Bei dem Gedanken drehte sich mir der Magen um. Ich begann zu würgen.

Barbara stürzte an mir vorbei und zog die Gardine zu. »Was ist los mit dir?«, fragte sie.

»Ich habe heute noch nichts gegessen, und mir ist unheimlich übel.«

»Mein Gott, Merel! Wenn du einen Ton gesagt hättest, hätten wir unterwegs doch etwas zu essen für dich besorgen können«, sagte sie freundlich. »Weißt du was? Du gehst jetzt zu der Imbissbude da drüben an der Ecke, und ich arbeite solange für dich. So kannst du doch nicht anschaffen!«

Sie nahm zehn Gulden aus ihrem Portemonnaie und gab sie mir.

Dankbar nahm ich das Geld entgegen, schnappte mir meine Jacke und steckte den Zehner in die Tasche. Ohne ein weiteres Wort ging ich raus und zog die Tür hinter mir zu.

Auf der Straße war wieder viel los. Jede Menge Männer waren unterwegs. An der Straßenecke entdeckte ich die Imbissbude. Ich zog den Reißverschluss meiner Jacke hoch, um mein Gesicht hinter dem Kragen zu verbergen. Ich wagte niemanden anzuschauen. Bei jedem Mann, dem ich begegnete, hatte ich das Gefühl, dass er mich geil musterte. Ich beschleunigte meine Schritte, um so schnell wie möglich zu der Imbissbude zu kommen.

Drinnen schlug mir der Geruch von Fett entgegen. Ich schaute mich kurz um. Außer mir gab es keine Kunden. Hinter der Theke stand ein älterer Mann und schaute mich freundlich an. »Kann ich dir helfen?«, fragte er.

»Eh, ja, eigentlich schon«, sagte ich. »Ich möchte nur erst mal gucken, wonach mir ist.«

»Lass dir Zeit«, sagte er gutmütig.

Während ich all die leckeren Sachen betrachtete, wurde mir klar, dass dies die Chance zur Flucht war.

Hinter mir hörte ich die Türglocke bimmeln. Jemand kam herein. Das war mir ganz recht. So hatte ich länger Zeit, mir einen Plan zu überlegen.

Die Person, die gerade hereingekommen war, stellte sich neben mich. Automatisch schaute ich hin. Es war Ron! Wütend sah er mich an.

»Was machst du denn hier?«, fragte er.

»Barbara hat mir Geld gegeben. Ich habe heute noch nichts gegessen, und mir zittern die Knie«, erklärte ich ihm mit bebender Stimme. »Sie meinte, es wäre besser, wenn ich erst etwas esse, sonst kann ich meine Arbeit nicht gut machen.«

»Sitzt sie jetzt alleine am Fenster?«

»Ja, sie arbeitet solange für mich, bis ich zurück bin. Warum?«

»Dann gehe ich jetzt sofort zu ihr. Es ist zu gefährlich, sie da alleine sitzen zu lassen«, sagte er ungehalten. »Und du siehst zu, dass du in fünf Minuten zurück bist!«

Ron wandte sich an den Mann hinter der Theke: »Sorg dafür, dass sie in fünf Minuten fertig ist.«

Der Mann sagte nichts. Er nickte nur.

Ron drehte sich um. Er grabschte mir den Zehner aus der Hand und steckte ihn in die Hosentasche. »Lass anschreiben!«, befahl er mir. »Ich halte es nicht für klug, dir Geld zu geben.«

Benommen schaute ich ihm hinterher. Warum hatte er mir das Geld weggenommen?

Mir blieb keine Zeit, länger darüber nachzudenken, denn der alte Mann war um die Theke herumgekommen und kam auf mich zu. Ängstlich blickte ich ihn an. Ich hatte keine Ahnung, was er vorhatte.

Er legte mir einen Arm um die Schulter. »Komm!«, sagte er. »Ich bringe dich hier weg. Danach musst du allerdings selbst klarkommen.«

Überrascht, aber hoffnungsvoll schaute ich ihn an.

Zusammen gingen wir in einen kleinen Gang hinter der Theke. Dann rief er jemandem zu, er müsse mal kurz weg, sei aber gleich wieder zurück. Durch die Hintertür verließen wir die Imbissbude.

Draußen war es dunkel. Es gab keine Straßenlaternen. Ich konnte nicht sehen, wohin wir liefen, doch irgendwie vertraute ich dem Mann. Etwas anderes blieb mir in diesem Moment ja auch nicht übrig. Ich hatte nichts mehr zu verlieren. Dennoch hatte ich furchtbare Angst, dass wir Ron begegnen könnten. Mein Herz klopfte wie wild, als wir einen kleinen Platz erreichten. Der Mann blieb kurz stehen. Gespannt schaute er sich um. Auch ich blickte mich um, konnte aber niemanden entdecken.

»Siehst du da drüben zwischen den beiden Bäumen die Telefonzelle?«, fragte er ganz leise.

Dort, wo er hinzeigte, sah ich die Telefonzelle. Er kramte in seiner Hosentasche und holte drei Fünfundzwanzig-Cent-Münzen heraus. Dann griff er nach meiner Hand und legte sie hinein.

»Ruf jemanden an, dem du vertrauen kannst.«

Tränen schossen mir in die Augen. »Ich kann niemandem vertrauen«, sagte ich leise.

»Denk nach!«, sagte er eindringlich und zog an meinem Arm. »Überleg genau!«

Ich ließ den Kopf hängen und schaute zu Boden. Endlich hatte ich die Chance zur Flucht, und mir fiel nichts ein.

Plötzlich erinnerte ich mich, was ich in meinen Schuh gesteckt hatte: Die fünfunddreißig Gulden meines ersten Kunden und die Telefonnummer des Jungen, den ich jederzeit anrufen konnte, wenn ich Hilfe brauchte. Ich holte beides aus meinem Schuh.

Der Mann schaute mich durchdringend an. Ich starrte auf den Zettel.

»Du musst jetzt selbst klarkommen«, wiederholte er leise. »Ich muss wirklich zurück, mehr kann ich nicht für dich tun.« Er klopfte mir ermutigend auf die Schulter und ging.

Zitternd schaute ich ihm nach. Ich wollte mich bei ihm bedanken, doch ich brachte keinen Ton heraus. Mein Herz klopfte zu wild, und vor lauter Nervosität war ich außer Atem. Der Mann verschwand in der Dunkelheit.

Ich faltete den Zettel auseinander, nahm den Telefonhörer ab, warf das Geld in den Schlitz und wählte die Nummer. Schnell steckte ich den Zettel wieder weg und wartete gespannt.

Das Telefon klingelte. Ich wurde immer nervöser, je länger ich warten musste. Es war niemand zu Hause! Fast hätte ich aufgegeben.

»Hallo?«, hörte ich dann plötzlich jemanden am anderen Ende der Leitung.

In diesem Moment versagten meine bis zum Äußersten gespannten Nerven. Die Tränen flossen mir über das Gesicht.

»Hallo? Ist da jemand?«, sagte die Stimme erneut.

Kaum verständlich stammelte ich durch mein Schluchzen hindurch: »Ich brauche deine Hilfe!«

Einen Moment war es still. »Merel? Bist du es?« Die Stimme am anderen Ende klang überrascht.

»Ich schaffe es nicht alleine«, schluchzte ich.

»Ich komme.«

NACHWORT

Das Phänomen Loverboys

Als Studiogast der niederländischen Fernsehsendung »Vermisst« erlebte ich 2004, wie die Mutter eines dreizehnjährigen Mädchens erfuhr, dass ihre Tochter vermutlich Opfer eines Loverboys geworden war. Loverboy, ein Begriff, der mir damals völlig neu war. Doch alle anderen Anwesenden wussten sofort, was gemeint war, das zeigte die Heftigkeit ihrer Reaktionen. Nie werde ich vergessen, wie die Mutter in Tränen ausbrach und wie schockiert die anderen Studiogäste waren.

Loverboys waren damals in den Niederlanden bereits seit einigen Jahren ein großes Problem. Es war bekannt, dass diese meist jungen Männer auf Schulhöfen, in Jugendtreffs, Fastfood-Restaurants oder natürlich im Internet Mädchen und sehr junge Frauen kontakten. Mädchen, die freigebig Informationen über sich, ihre Lebenssituation, ihre Probleme in Chatforen preisgeben, sind ein leichtes Ziel für einen Loverboy, denn diese Informationen kann er für sich nutzen, um gezielt auf ein Mädchen eingehen zu können. Er spricht es an, hält den Kontakt, schenkt ihm Beachtung, verwöhnt es mit Aufmerksamkeit, mit Geschenken und Einladungen und heuchelt echte Zuneigung und die große Liebe.

So beginnt für die Mädchen der Weg in die emotionale Abhängigkeit, schnell vernachlässigen sie sämtliche anderen Freundschaften und die Familie oder lehnen sie sogar völlig ab. Erst wenn das Mädchen regelrecht isoliert ist, wendet sich das Blatt: Dann sind sexuelle Gewalt bis hin zu Gruppenvergewaltigung, Erpressung durch Fotos und Filme, Misshandlung, Alkoholmissbrauch und Drogenkonsum der neue Alltag. Zum Alltag gehört dann auch die Prostitution, in den aktuellen Fällen selbst bei extrem jungen Mädchen von elf, zwölf Jahren.

Über die 2007 gegründete Stiftung *StopLoverboysNu* (Stoppt Loverboys jetzt) kam ich in Kontakt mit Betroffenen und ihren Eltern und konnte mir ein Bild machen, warum die Mädchen auf diese Männer hereinfallen: Weil sie zu genau diesem Zeitpunkt genau die Beachtung brauchen, die ihnen die Loverboys geben. Zum Beispiel weil ihre Eltern sich gerade getrennt haben, ein Familienmitglied schwer krank oder kürzlich gestorben ist, weil sie neu sind an der Schule und noch keine Freunde haben. Weil sie Außenseiter in der Klasse, schlecht in der Schule sind oder einfach wenig Selbstwertgefühl haben. Oder weil sie ganz normale Mädchen mit ganz normalen Problemen in der Pubertät sind.

Sind die Mädchen erst einmal im Netz eines Loverboys gefangen, gibt es für sie ohne fremde Hilfe kein Entkommen.

Diese Erfahrung hat auch die Autorin dieses Buches gemacht. Ich lernte Merel 2009 kennen, als ich von Deutschland in die Niederlande gezogen war. Merel erklärte mir damals, dass sie das Buch auch geschrieben hatte, um andere Mädchen zu warnen, um ihnen das Leid zu ersparen, das sie selbst ertragen musste. Und dieses Leid ist mit der Rettung aus der Prostitution nicht vorbei. Die körperlichen Quälereien, der Drogenkonsum, die Angst, wieder gefunden zu werden, aber besonders die Folgen der seelischen Misshandlungen bleiben oft ein Leben lang.

Loverboys sind aber kein niederländisches Phänomen, sie suchen längst auch in Deutschland ihre Opfer. Das erklärten schon die jungen Niederländerinnen, mit denen ich sprach. Sie erzählten oft, dass sie auch in Deutschland anschaffen gehen mussten und dass sie in niederländischen Bordellen auch deutsche Mädchen in ähnlichen Situationen trafen. Die Opfer kommen heute aus allen sozialen Schichten, aus Großstädten und kleinen Dörfern, aus gebildeten und bildungsfernen Familien. Es kann buchstäblich jedes Mädchen, jede Familie treffen. Deshalb ist dieses Buch so wichtig.

Bärbel Kannemann
Kriminalhauptkommissarin a. D.
Team StopLoverboysNu – Deutschland

www.stoploverboys.nu

Aufklärung und Sensibilisierung sind also auch hierzulande dringend vonnöten. Betroffene in Deutschland können sich an die deutsche Seite von StopLoverboysNu wenden.

EPILOG

Ohne irgendwelche Fragen zu stellen, hat mich ein Bruder meines Vaters in seine Familie aufgenommen. Dort bin ich langsam wieder zu Kräften gekommen, während wir auf den Beschluss des Jugendrichters warteten. Essen bereitete die größte Mühe, mein Körper lehnte sich gegen jegliche Nahrung auf. Zwei Tage lang hing ich spuckend über der Toilette, um mich anschließend wieder zitternd ins Bett zu legen. Langsam, aber sicher wurde es besser.

Ich wollte gern eine zweite Chance im Internat bekommen, wo es mir so gut gegangen war, doch man stand dem ablehnend gegenüber. Glücklicherweise konnte ich den Jugendrichter davon überzeugen, dass ich mich künftig von allem, was mit Mike zu tun hatte, fernhalten würde. Daraufhin gab mir der Direktor doch noch eine Chance, etwas für meine Zukunft zu tun, und ich wurde erneut im Internat aufgenommen. Für das Vertrauen bin ich ihm noch heute dankbar.

Auch Kelly durfte ich nicht mehr sehen. Der Jugendrichter hatte mir klipp und klar gesagt, dass ich in einer geschlossenen Anstalt landen würde, falls ich auch nur ein einziges Mal Kontakt mit Mike aufnehmen sollte. Nach einem halben Jahr probierte ich aus, wie es war, wenn ich ein freies Wochenende zu Hause verbrachte. In der Stadt begegnete ich Kelly. Sie hatte ebenfalls mit Mike gebrochen und war in eine andere Stadt gezogen. Sie erzählte, Mike habe schnell ein anderes Mädchen gefunden. Wir waren froh, uns getroffen zu haben, und bis zum heutigen Tag sind wir dick miteinander befreundet.

Mike begegnete ich ungefähr fünf Jahre später zufällig in einer Frittenbude. Wir haben uns nicht angeschaut, aber ich erkannte seine Stimme. Mit klopfendem Herz bin ich, ohne mich umzublicken, verschwunden. Danach habe ich ihn nie wieder gesehen.

Bis zum achtzehnten Lebensjahr stand ich unter Aufsicht des Jugendrichters. Meine Mutter wurde heftig kritisiert, weil sie die Vormundschaft an den Jugendrichter abgetreten hatte. »Ich habe es für deine Zukunft getan«, verteidigte sie sich immer. Ich bin ihr sehr dankbar dafür, denn meine Zukunft hat sich tatsächlich gut gestaltet, und heute ist meine Mutter eine wirkliche Freundin.

Nach der erforderlichen Psychotherapie konnte ich mich sieben Jahre später wieder für die Liebe öffnen, als ich meinem Mann begegnete. Er hat mich nie nach den damaligen Ereignissen gefragt, auch nicht, als meine Geschichte veröffentlicht wurde. Er braucht das Buch nicht zu lesen. »Was vorbei ist, ist vorbei«, sagt er immer. Dafür bin ich ihm dankbar, und ich bewundere ihn sehr. Allerdings muss ich mit der Wut und dem Ekel leben, die ich empfinde, wenn mir fremde Männer hinterherschauen. Das wird sich nie ändern. So ist es nun mal.

»Du musst ein Buch schreiben, Merel, du kannst es!«, sagte ein Lehrer der Internatsschule zu mir, als alles vorüber war. Jetzt ist es so weit, und er hat es nicht mehr erlebt. Ruhe sanft, lieber Rob!

STIFTUNG

Stop Loverboys NU

Du bist nicht mehr allein, wir denken mit dir mit!

Du fühlst dich alleingelassen, du glaubst, es sei deine eigene Schuld, du empfindest erdrückende Scham, du weißt weder aus noch ein, du willst nur, dass es endlich endet. Bei uns kannst du als Opfer deine Geschichte oder deine Gefühle abladen. Wenn du über Geheimnisse und unangenehme Erfahrungen reden möchtest, kannst du Kontakt mit uns aufnehmen, sodass wir dir zuhören können, dir Rat geben, mehr Informationen verschaffen, und eventuell können wir dich weitervermitteln. Wir können dich in Kontakt mit anderen Opfern bringen. Du kannst über die unten aufgeführte Webseite reagieren, dort findest du Leidensgenossinnen, die genau verstehen, was in dir vorgeht.

Du kannst dich auch anonym melden.

www.stoploverboys.nu

Eine junge Frau in der Gewalt von Menschenhändlern. Der erste authentische Bericht eines Opfers

Oxana Kalemi
SIE HABEN MICH
VERKAUFT
Eine wahre Geschichte
Aus dem Englischen
von Isabell Lorenz
352 Seiten
ISBN 978-3-404-61654-1

Es sollte ein Job für drei Monate sein, als Kellnerin in einem Club in Rumänien. Sie braucht das Geld für die Zukunft ihrer drei kleinen Kinder. Doch was sie dort in Wirklichkeit erwartet, ist ein wahrer Albtraum, kaum vorstellbar im 21. Jahrhundert: Der Club ist ein Bordell, ihre neuen Arbeitgeber entpuppen sich als europaweit agierende Menschenhändler. Eine schreckliche Zeit voller Angst und Gewalt beginnt, Oxana wird immer wieder verkauft, nach Italien, Deutschland, England verschleppt. Doch ihr gelingt das Unglaubliche, sie gibt niemals die Hoffnung auf und schafft es sich zu befreien. Ein erschütternder Bericht über die dunkelste Seite unserer Gegenwart.

Bastei Lübbe Taschenbuch

Warum tut der Schmerz so gut?
Ca. 1,2 Milliionen Betroffen in Deutschland —
er packende Bericht einer Ritzerin

Anja und Meike Abens
SCHNITTSTELLEN
Warum ich mich immer
wieder selbst verletzen
musste
256 Seiten
ISBN 978-3-404-61670-1

Sonja ist sechzehn: Null Bock auf Schule, Selbsthass, Essstörungen, Migräneanfälle, sie tickt aus, beschimpft ihre Familie, und wenn sie allein ist, dann ritzt sie sich die Haut mit Spiegelscherben, bis das Blut fließt. Regelmäßig. Eine dunkle Zeit. Ganz normale Pubertät? Eine Modeerscheinung?
Mutter und Tochter berichten von schmerzhafter Hilflosigkeit, schweren Krisen, existenzieller Angst. Sie erinnern sich an eine Zeit, in der beider Leben eine empfindliche Gratwanderung zwischen Absturz und Abheben war. Und sie beschreiben den Weg aus der Krise.
Ein Buch, das anderen Betroffenen und ihren Familien helfen will.

Bastei Lübbe Taschenbuch

Werden Sie Teil der Bastei Lübbe Familie

- Lernen Sie Autoren, Verlagsmitarbeiter und andere Leser/innen kennen
- Lesen, hören und rezensieren Sie Bücher und Hörbücher noch vor Erscheinen
- Nehmen Sie an exklusiven Verlosungen teil und gewinnen Sie Buchpakete, signierte Exemplare oder ein Meet & Greet mit unseren Autoren

Willkommen in unserer Welt:

www.luebbe.de

www.facebook.com/BasteiLuebbe

www.twitter.com/bastei_luebbe

www.youtube.com/BasteiLuebbe